현직 교사가 내 아이에게 몰래 읽히고 싶은

진로도서 50

현직 교사가 내 아이에게 몰래 읽히고 싶은

진로 도서 50

1판 1쇄 발행 2023년 1월 25일

지은이 배혜림
발행인 조상현
마케팅 조정빈 **편집인** 김주연 **디자인** 페이퍼컷 장상호

발행처 더디퍼런스
등록번호 제2018-000177호
주소 경기도 고양시 덕양구 큰골길 33-170(오금동)
문의 02-712-7927 **팩스** 02-6974-1237
이메일 thedibooks@naver.com **홈페이지** www.thedifference.co.kr

ISBN 979-11-6125-382-4 03370

현직 교사가 내 아이에게
몰래 읽히고 싶은

진로도서 50

교사
배혜림
지음

초등 시크릿 독서 교육 시리즈
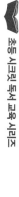

더디퍼런스

진로 교육에서 독서는 반드시 필요합니다

많은 아이들이 고등학교 3년 동안 자신의 꿈을 찾지 못해 고민합니다. 고등학교 3학년 때라도 자신의 진로를 결정하면 좋겠지만 대부분은 그렇지 못합니다. 진로를 고민하다가 결국 수능 성적에 맞춰 학교와 학과를 결정하는 경우를 많이 보곤 합니다.

중학교 3년도 마찬가지입니다. 많은 아이들이 중학교 3학년이 될 때까지 특목고에 갈지, 인문계고, 특성화고에 갈지 결정하지 못하고 갈팡질팡합니다. 어렴풋이 진로를 결정한다 해도 고등학교 생활은 어떻게 해야 하는지 막막해 합니다.

학교에서 자유학기를 운영하고 진로 탐색 주간을 운영해도 자신의 진로를 탐색하고 결정하기에는 시간이 부족합니다. 아이들은 자신의 미래에 대해 막연함과 불안감을 느낍니다. 이 아이들을 보면서 진로 교육의 필요성을 절감했습니다.

초등학생부터 진로 교육이 필요합니다. 학교에서의 진로 교육도 필요하지만 가정에서도 진로 교육이 필요합니다. 중학생이 되어서 진로 교육을 하기에는 늦습니다. 중, 고등학생 때는 내신과 수능 준비로 진로를 고민할 여유도 갖지 못하는 게 현실입니다.

그렇다면 초등 아이들에게 진로 교육을 어떻게 해야 할까요? 현장 체험도 물론 좋지만 여력이 안 된다면 집에서도 할 수 있는 방법이 있습니다. 그것은 바로 책입니다. 진로 교육을 돕는 책이 많습니다. 이 책들을 읽으며 다양한 간접 경험을 하고, 꾸준히 진로에 대해 아이와 이야기를 나누어야 합니다. 이 진로 교육은 학교 공부와 분리되지 않고 자연스럽게 이루어져야 합니다. 교과서에 있는 작품으로 진로와 연계할 수 있으면 더욱 좋겠지요.

진로 교육은 단순히 직업을 찾는 것만을 의미하지는 않습니다. 직업은 자아실현의 한 방법입니다. 자아를 실현하면 행복한 삶을 추구할 수 있지요. 행복한 삶은 일을 통한 성취감과 만족감에서 비롯됩니다. 진로 교육은 한 사람의 삶의 방향과 질을 결정하는 중요한 일입니다.

진로 교육에서 독서는 꼭 필요합니다. 적성을 구체적으로 발현시키고 다양한 진로 탐색의 기회를 얻기 위해 여러 분야의 책을 폭넓게 읽고, 책을 통해 세상에 대한 이치와 탐색의 시간을 충분히 갖는 것이 중요합니다. 책 속에 담긴 생각과 가치관을 발견하고, 정보를 얻음으로써 자신의 경험과 사고를 확장해서 진로를 개척하는 능력을 키울 수 있습니다.

독서는 긍정적 자아를 인식하도록 돕고, 지식과 경험을 넓혀 자아실현의 의지를 길러 줍니다. 또한 독서를 통해 얻은 창의력, 비판력, 사고력 등은 학습을 용이하게 하여 자신이 꿈꾸는 직업에 다가갈 가능성을 높여 줍니다.

진로 교육에 관심이 많은 교사들은 자녀의 독서 교육에 힘을 쏟습니다. 교사들이 자녀들에게 읽어 주었던 시크릿한 도서를 지금 공개합니다. 이 도서들을 통해 많은 아이들이 자신의 진로에 대해 생각하는 시간이 되기를 바랍니다.

교사 배혜림

CONTENTS

프롤로그 진로 교육에서 독서는 반드시 필요합니다 **004**

이 책의 활용법 **009**

현직 교사가 내 아이에게 몰래 읽히고 싶은 진로도서 50   저학년

- 이가 아파서 치과에 가요 한규호, 원성현 **012**
- 나는 자라요 김희경, 염혜원 **016**
- 7년 동안의 잠 박완서, 김세현 **020**
- 내 꿈은 방울토마토 엄마 허윤, 윤희동 **024**
- 선생님, 바보 의사 선생님 이상희, 김명길 **028**
- 욕심쟁이 딸기 아저씨 김유경 **032**
- 치과의사 드소토 선생님 윌리엄 스타이그 **036**
- 나는 나의 주인 채인선, 안은진 **040**
- 고래새우 말고 대왕고래 이정은, 임윤미 **044**
- 기린의 날개 심예빈, 이갑규 **048**
- 나는! 내 안에 마법을 일깨우는 말 베키 커밍스, 주자나 스보보도바 **052**
- 아피야의 하얀 원피스 제임스 베리, 안나 쿠냐 **056**
- 엄마 소방관, 아빠 간호사 한지음, 김주경 **060**
- 집짓기 이재경 **064**
- 바쁘다, 바빠! 소방관 24시
  엠마뉴엘 케시르-르프티, 프랑수아 다니엘·안느 드샹부르시 **068**
- 내일 또 싸우자 박종진, 조원희 **072**
- 맡겨 주세요 히카쓰 도모미 **076**
- 꿈을 꼭 가져야 하나요 어린이철학교육연구소, 권오준, 박지연, 이윤희 **080**

• 아홉 살 진로 멘토 최수복, 배현정 **086**

• 나는 커서 어떤 일을 할까? 미케 샤이어 **090**

현직 교사가 내 아이에게 몰래 읽히고 싶은 진로도서 50 중학년

• 꼴찌라도 괜찮아! 유계영, 김중석 **096**

• 그땐 나도 우주를 헤엄칠 거야 이혜용, 김진화 **100**

• 잘못 뽑은 반장 이은재, 서영경 **104**

• 마당을 나온 암탉 황선미, 김환영 **108**

• 리디아의 정원 사라 스튜어트, 데이비드 스몰 **112**

• 지도 밖의 탐험가 이사벨 미뇨스 마르틴스, 베르나르두 카르발류 **116**

• 하루 동안 과학자 되어 보기 앤 루니, 댄 **120**

• 엄마는 트롯 가수 류미정, 이현정 **124**

• 행운 없는 럭키 박스 홍민정, 박영 **128**

• 나는 나 나혜석 정하섭, 윤미숙 **132**

• 세상을 바꾸는 크리에이터 원유순, 심윤정 **136**

• 어린이를 위한 미래 직업 100 최정원, 정지혜 **140**

• 어린이를 위한 바보 빅터 (호아킴 데 포사다·레이먼드 조 원저)전지은, 원유미 **144**

• 이태석, 낮은 곳에서 진정으로 나눔을 실천하다 채빈, 김윤정 **148**

• 소심한 미호 방송 PD 되다 신승철, 이승연 **152**

현직 교사가 내 아이에게 몰래 읽히고 싶은
진로 도서 50   고학년

- 꼴찌, 세계 최고의 신경외과 의사가 되다 그레그 루이스, 데보라 쇼 루이스 **158**
- 니 꿈은 뭐이가? 비행사 권기옥 이야기 박은정, 김진화 **162**
- 꽃들에게 희망을 트리나 폴러스 **166**
- 열두 사람의 아주 특별한 동화 송재찬 **170**
- 세계를 움직이는 국제기구 박동석, 전지은 **174**
- 열두 살 장래 희망 박성우, 홍그림 **178**
- 나라에 일이 생기면 누가 해결하지? 서지원, 이주윤 **182**
- 어린이를 위한 4차 산업혁명 안내서 정윤선, 우연희 **186**
- 뭐가 되고 싶냐는 어른들의 질문에 대답하는 법 알랭 드 보통 **190**
- 까대기 이종철 **194**
- 독수리 오남매, 법률가를 만나다! 홍경의, 송선범 **198**
- 목소리를 높여 high! 악동뮤지션 **202**
- 나의 롤모델은 스티브 잡스 이혜경, 김미규 **206**
- 수의사는 어때? 김희진 **210**
- 메시, 축구는 키로 하는 게 아니야 이형석 **214**

부록 초등학교 국어 교과서 수록 도서 리스트 **218**
부록 진로 탐색 가이드 **234**
부록 한국표준직업분류(통계청) **238**

이 책의 활용법

내 꿈은 방울토마토 엄마 ★(구)문화체육관광부 우수 도서

글, 그림 허은, 윤희동 출판사 키위북스 연계 교과 국어 2-1 3. 마음을 나누어요

책 속으로

이영이네 집 베란다에 있는 방울토마토 모종에서 방울토마토 세 개가 열린다.

이영이네 가족은 이영이와 같은 '영'자에 하나, 둘, 셋을 붙여 한영, 두영, 세영이라고 이름을 붙인다. 아빠는 이영이에게 '우리 집 정원사'가 되어 보라고 한다. 베란다를 정원으로 가꾸기 위해 이영이네는 도서관에 가서 정원사에 관한 책을 읽고, 꽃시장에 가서 식물들을 산다.

매사에 수줍음 많고 자신감이 없던 이영이는 방울토마토를 돌보며 점점 달라진다. 방울토마토가 무럭무럭 자라는 모습을 보니 뿌듯하고 기운이 펄펄났다.

꿈 발표회 시간이 되자 이영이는 베란다 정원의 사진을 보여 주며 토마토가 무럭무럭 자라는 모습을 보면 가슴이 두근거리고 기분이 좋다고 말한다. 선생님은 아이들에게 이영이처럼 꿈 씨앗이 자랄 수 있도록 작은 노력을 차근차근해 나가야 한다고 이야기한다.

시크릿한 책 속 비밀

요즘 아이들에게 무엇이 되고 싶은지 물어보면 특별한 꿈이 없다고 대답하는 경우가 많아요. 혹은 부모의 바람을 그대로 자기 꿈이라 여기거나, 최근 미디어의 영향 때문인지 유튜버나 크리에이터, 연예인을 꿈는 아이들도 많아졌어요.

우리 아이들, 정말 꿈에 대해 생각이 없는 걸까요?

요즘 아이들은 정말 바빠요. 수업 시간 아이들과 이야기를 나눠 보면 학원에 다니느라 새벽 1시에 잠드는 아이도 많다고 해요. 이렇게 늦게 잠들지만 학

---

① 주요 기관에서 수상한 부문을 표기했습니다.

② 교과서에 수록되거나 연계된 학습 과정입니다.
(2학년 1학기는 '2-1',
3학년은 '3'으로 적었습니다.)

③ 책의 줄거리를 간략하게 소개합니다.

④ 교육 현장에서 아이들과 함께 생활하는
교사의 시각에서 풀어낸 감상평입니다.
책의 숨은 의미, 추천 이유,
독후활동 방향 등을 담았습니다.

책을 읽고 나서 부모와 아이가 함께하는
⑤ 독후활동입니다.
주제를 읽고 자신의 생각을 써 보기,
하브루타 대화 나누기,
관련 기사나 영상 및 도서 추천 등으로
구성했습니다.

'쌤의 조언 한 마디'는
저자가 아이들에게 전하고 싶은
이야기를 담았습니다.

부모와 아이의 인사이트 확장을 위한 TIP

• 네가 진짜 좋아하는 일은 뭐야? 진짜 좋아하는 일은 기분이 좋아지고 마음이 두근두근한 일이야. 그런 일들을 엄마와 함께 써 보자.
(꿈 희망 목록 만들기)

_____ 의 꿈 희망 목록 만들기

1. 나의 예쁜 꿈은 뭐야?
_____
_____
_____

2. 나의 멋진 꿈은 뭐야?
_____
_____
_____
_____

현직 교사가 내 아이에게
몰래 읽히고 싶은

진로도서 50
─저학년

이가 아파서 치과에 가요

글, 그림 한규호, 원성현 출판사 받침없는동화 연계 교과 국어 1-1 4. 글자를 만들어요.

책 속으로

자라는 이가 아파서 치과에 가다가 토끼와 마주친다. 토끼는 자라를 데리고 치과에 뛰어간다. 토끼는 너무 서두르다 넘어져서 다리를 다친다.

이때 노루가 뛰어와 다리를 다친 토끼는 외과에, 자라는 치과에 데려다 주기 위해 달린다. 달리던 노루는 배가 아파 주저앉는다. 그때 코끼리가 와서 노루를 내과에 데려다 준다고 한다.

코끼리는 자라, 토끼, 노루를 등에 태우고 "비키세요! 비켜요! 삐뽀, 삐뽀." 소리치며 뛰어간다.

병원에 도착해서 이가 아픈 자라는 치과로, 배가 아픈 노루는 내과로, 다리가 아픈 토끼는 외과로 간다. 치료를 마친 동물들은 코끼리에게 고맙다고 인사한 후 집으로 돌아간다.

시크릿한 책 속 비밀

초등 저학년 때에는 묵독으로 제법 긴 글도 수월하게 읽는 아이가 있고, 아직 글자를 잘 몰라서 책을 읽는 게 힘든 아이도 있어요. 그러나 읽기 수준에 관계없이 그림책을 소리 내서 읽는 것은 중요해요.

아직 어린 아이들은 발음 기관을 활용한 연습을 꾸준히 해야 올바르게 발음할 수 있거든요. 대화할 때는 명확하게 발음하지 않아도 문맥상 흐름을 통해 의미가 전달되지만, 책을 소리 내서 읽을 때는 자신도 모르게 긴장해서 발음하기 때문에, 좀 더 명확하게 발음하려고 애쓰게 되지요. 그런 면에서 책을 소리 내서 읽는 것은 중요해요. 특히 저학년 때 받침이 없는 글자들을 반복해서 읽으면 발음의 기초를 탄탄히 다질 수 있어요.

의외로 아이들은 소리 내서 책을 읽어 본 경험이 드물어요. 소리 내어 책을 읽는 습관은 책의 이해도에도 큰 영향을 준답니다. 책을 잘 이해하는 아이가 수업 시간 선생님 말씀도 잘 이해해요.

먼저 부모님이 소리 내서 읽은 후 아이에게 읽게 해 보세요. 이 책은 쉽게 읽을 수 있어 자연스럽게 읽기 독립도 가능하답니다.

동화가 끝날 무렵 선 긋기, 색칠하기 등의 글자를 익힐 수 있는 활동 페이지가 있어, 독후활동을 고민하지 않아도 되니 금상첨화죠? 활동에 나오는 단어들 또한 받침 없는 글자여서 쓰기에도 어렵지 않고, 제시된 활동들도 간단해서 지루하지 않아요. 주변 친척들에게 아이가 직접 책을 읽는 모습을 보여 주고 칭찬해 주면 아이의 자존감 형성에도 큰 도움이 될 거라 확신해요.

이 책은 〈받침 없는 동화〉 시리즈 10권 중 한 권의 내용이에요. 아픈 부위에 따라 가야 하는 병원이 다르다는 것을 알 수 있어요. 병원에 가는 것을 두려워하는 아이라면 동물들이 병원에서 치료 받는 모습을 상상하며 이야기를 나누어 봐요. 병원을 친숙하게 느끼게 해 줄 거예요.

병원에서 누구를 만났는지(의사, 간호사) 등을 이야기하면서 세상에는 여러 직업이 있다는 것을 알려 주면 일석이조의 효과가 있어요.

아이와 병원에 다녀왔던 이야기를 나누면서 "이가 아플 때는 어디로 가야 할까?" "치과!" "목이 아파요. 어디로 가지?" "이비인후과!"처럼 묻고 답하며 퀴즈를 내 보는 건 어떨까요?

• 책을 읽은 후에 등장인물을 중심으로 이야기를 뻗어 나가는 것도 좋아요. 오른쪽 형태의 이미지를 마인드맵이라고 하는데요. 제목을 가운데 쓰고, 생각나는 등장인물을 동그라미 안에 쓴 다음 아이와 이야기를 나누는 거죠. 아직 글자를 쓰는 힘은 부족하니 동그라미 안에 등장인물의 이름 정도만 써 보고, 관련 내용은 대화로 나누기를 추천해요.

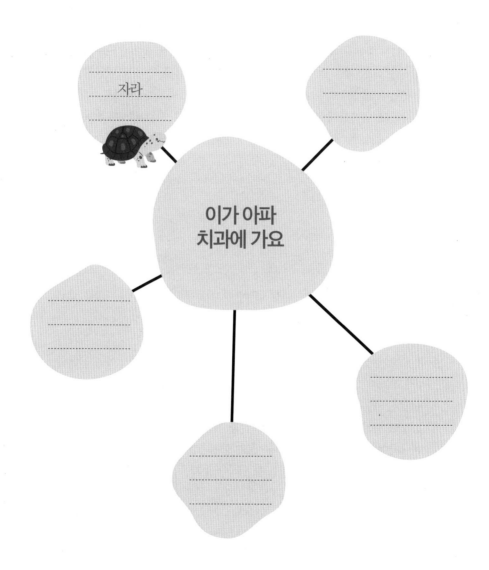

자라

이가 아파
치과에 가요

나는 자라요

글, 그림 김희경, 염혜원   출판사 창비   연계 교과 국어 1-2 8. 띄어 읽어요.

책 속으로

나는 엄마 품에 폭 안길 만큼 작다. 그러나 나는 조금씩 자란다. 단추를 잠그고, 양말을 신고, 밥을 먹고, 색종이를 붙일 때도, 이름을 쓸 때도 매일 조금씩 자란다. 놀이터에서 놀던 친구가 인사하고 갈 때도, 벽지를 볼 때도, 꿈을 꿀 때도 자란다. 엄마한테 혼날 때도, 동생을 껴안아 주는 순간에도 자란다. 구름이 흘러갈 때도, 엄마 오리와 아기 오리가 만날 때도 자란다. 처음 비행기를 탈 때도, 무지개를 볼 때도 자란다.

순간들이 모여서 쑥쑥, 활짝 자란다. 엄마를 품에 안아 줄 수 있을 만큼.

시크릿한 책 속 비밀

아이들이 하루하루 겪는 사소한 순간들 속에서 시간과 성장의 의미를 찾고 일깨우는 그림책이에요.

《마음의 집》으로 볼로냐 라가치 논픽션 부문 대상을 수상한 김희경 작가가 글을 쓰고, 《어젯밤에 뭐했니?》로 볼로냐 라가치 픽션 부문 우수상을 수상한 염혜원 작가가 그림을 그렸어요.

아이들은 한 순간에 쑤욱 자라지 않아요. 매일 조금씩 자라죠. 아직 서툴지만 스스로 자기 옷의 단추를 채우고, 밥을 먹고, 색종이를 오려 붙이고, 친구와 헤어지며 인사하고, 엄마한테 혼나고, 동생을 껴안아 주기도 하고, 흘러가는 구름을 보거나 공원을 산책하는 등 일상에서 늘 무언가를 경험해요.

이 책을 통해 반복되는 일상, 무료해 보이는 시간, 속상한 순간에도 끊임없이 아이들이 자라는 모습이 담겨 있답니다. 물론 성장하는 모습이 확연히 드러나거나 성장했다고 분명하게 말할 수는 없지만요.

학교에서 만나는 아이들도 그렇답니다. 매일매일 만나는 아이들의 모습은 큰 차이가 느껴지지 않아요. 그러나 아이들의 학기 초 사진을 학년 말에 보면 고작 일 년이 지났지만, 그동안 아이들이 많이 성장했다는 것이 느껴져요.

어릴수록 성장 속도가 빨라요. 어제와 오늘 아이의 성장은 느껴지지 않지요. 그러나 아이는 어제보다 오늘, 오늘보다 내일 한 뼘씩 자라고 있어요.

아이에게 모든 순간 '너는 지금 충분히 잘 자라고 있다'는 용기와 격려를 해 주세요.

하나하나의 과정이 모여 아이의 미래로 이어질 거예요. 이 책을 통해 아이와 하루의 소중함에 대해 대화하고, 앞으로 어떻게 자랄 것인지 이야기를 나누며 성장하길 바라요.

부모와 아이의 인사이트 확장을 위한 TIP

• 아이만의 책을 만들어 봐요. A4 용지를 반으로 접어서 두 장을 준비해요.
  아래에 제시한 것처럼 직접 손으로 써 주는 게 더 좋아요. 엄마가 손으로 써
  주고, 아이는 밑줄 그은 부분을 생각해서 쓰면 돼요.
  우선 아이의 어릴 때 사진을 고르세요.(불가능하면 그림으로 그려도 좋아요.)
  그 사진을 찍었을 때 있었던 일을 이야기 나눠요.

나는 자라요

아이 어릴 때 사진이나
자기를 그린 그림

글: _____
사진: _____

(뒷표지)   (앞표지)

자기가 생각하는
가장 작은 것 쓰기

일상적인 모습을 쓰거나
사진과 관련된 내용 쓰기

나는 자라요   _____ 하고

_____ 만큼   _____ 때에도
아주 작아요   나는 자라요

그렇지만 나는 자라요   사진이나 그림
하루하루
아주 조금씩 조금씩.

이야기를 마무리할 때마다 "이렇게 작고 귀여웠던 네가 지금 이렇게 멋지게 커서 정말 고마워(또는 멋져)"라고 말해 봐요. 눈, 코, 입, 팔, 다리 등 신체를 하나하나 짚어 가며 "이렇게 작고 귀여웠는데 벌써 이렇게 컸구나!" 하고 감탄해 봐요. 아이는 부모님의 사랑을 느끼며 자존감이 높아질 거예요.

일상적인 모습을 쓰거나
사진과 관련된 내용 쓰기

처음 했던 것 중
기억 나는 것

_____ 이나
_____ 때에도
나는 자라요

처음으로 _____
_____ 순간에도
나는 자라요

사진이나 그림

사진이나 그림

그 순간들이 모여서
나무처럼 쑥쑥,
꽃잎처럼 활짝!

엄마와 꼭 껴안은
사진이나 그림

나는 자라요.
엄마를 내 품에 꼭
안아 줄 수 있을 만큼.

7년 동안의 잠

글, 그림 박완서, 김세현   출판사 어린이작가정신   연계 교과 국어활동 2-1

책 속으로

개미 마을에 흉년이 계속되었다. 부지런한 일개미들은 이른 아침부터 먹이를 찾았으나 저녁이면 지칠 대로 지쳐서 빈손으로 돌아오기 일쑤였다. 여왕개미는 더 기름진 땅을 찾아 마을을 옮겨야 하나 근심이 많았다.

그때 어린 일개미 하나가 크고 싱싱한 먹이를 구한다. 모든 개미들은 그 먹이를 향해 간다. 그 먹이는 매미였다. 매미는 콘크리트 때문에 지상으로 나가지 못하고 있었던 것이다. 개미들이 먹을 것을 구하기 힘든 것도 콘크리트 천장 때문이다.

의젓함과 지혜를 가진 늙은 개미는 어린 개미들에게 매미가 7년 동안 땅 속에서 잠들어 있다가 노래를 부른다고 이야기해 준다. 개미들은 한참 고민하다가 매미를 부드러운 천장으로 데려다 준다. 지상으로 간 매미의 갑옷이 벗겨지고 눈부신 날개가 나온다. 개미들은 매미의 앞날을 축복한다.

시크릿한 책 속 비밀

박완서 작가는 중·고등학교 국어 교과서에 반드시 한 작품 이상 나오는 중요한 분이에요. 작품을 살펴보면 따스한 시각으로 세상을 보듬는 내용이 많아요.

이 책도 비슷해요. 한여름 밤, 매미의 노랫소리는 여름의 생기를 더하죠. 매미는 이 짧은 순간을 위해 한평생 땅속에서 지내요. 이 책은 그 시간을 기다리며 7년여 동안 잠들어 있던 매미 애벌레를 발견한 개미들의 이야기를 그린 동화랍니다.

겉으로 보기에는 우렁찬 소리로 노래를 부르는 매미이지만 그 이면에는 긴 시간 실력을 가다듬고 연습하는 인고의 시간이 필요해요. 이 책은 매미의 끈기와 인내, 매미 애벌레를 둘러싸고 벌이는 개미들의 갈등과 고민을 다루고 있어요. 이들의 모습을 통해 사람들이 추구해야 할 삶의 목적과 올바른 가치에 관해 이야기하고요.

많은 사람들이 좋은 대학을 졸업하거나 좋은 직업을 가진 사람들을 부러워해요. 그러나 그 좋은 대학과 직업을 가지기 위해 긴 시간 실력을 가다듬고 꾸준히 노력하는 인고의 과정은 알지 못해요. 좋은 결과를 위해서는 꾸준히 노력하고 참아야 한답니다.

아이들은 미래를 위해 현재를 참고 견디는 것을 힘들어 해요. 아이에게 무조건 지금 참고 견뎌야 한다고 이야기하기보다 긴 시간 인고하는 이들의 이야기를 들려주는 것이 더 공감되지 않을까요?

개미의 모습을 통해서도 생각할 게 많이 있어요. 진정한 삶의 가치는 물질적인 것만을 추구하는 게 아니에요. 당장 눈앞에 먹을 것이 부족하더라도 주어진 것에 감사할 줄 알아야 해요. 또 누군가의 노력을 폄하할 것이 아니라 인정하고 존중해야 한다는 거죠.

직업을 선택할 때도 마찬가지예요. 진정한 삶의 고귀함을 깨닫고, 의미 있고 가치 있는 삶이 무엇인지 항상 고민하는 마음을 갖는 것, 그것이 바로 박완서 작가가 이 시대를 살아가는 아이들에게 전하고 싶은 메시지가 아닐까요?

7년 동안의 잠

활동 1. 줄거리 요약하기

1. 요새 개미 마을에는 _____ 이 계속되었다.
2. 어린 일개미 하나가 크고 싱싱한 _____ 를 구한다.
3. 그 먹이는 _____ 였다.
4. 개미들은 열심히 의논해서 매미를 _____ 으로 올려 주었다.
5. 지상으로 간 매미의 갑옷이 벗겨지고 빛나는 날개가 나온다.
   개미들은 매미의 앞날을 축복해 준다.

활동 2. 내가 만약 개미였다면?

1. 어린 개미가 발견한 매미를 먹어 버릴까? 아니면 매미를 도와줄까?

   ----

2. 왜 그렇게 생각했어?

   ----

3. 늙은 개미가 하는 이야기를 듣고 어떤 생각이 들었어?

   ----

4. 내가 매미였다면 개미들에게 어떤 마음이 들었을까?

----

5. 왜 그렇게 생각했어?

답: 1. 흉년, 2. 먹이, 3. 매미, 4. 지상

내 꿈은 방울토마토 엄마 ★(구)문화체육관광부 우수 도서

글, 그림 허윤, 윤희동 출판사 키위북스 연계 교과 국어 2-1 3. 마음을 나누어요.

책 속으로

아영이네 집 베란다에 있는 방울토마토 모종에서 방울토마토 세 개가 열린다.

아영이네 가족은 아영이와 같은 '영'자에 하나, 둘, 셋을 붙여 한영, 두영, 세영이라고 이름을 붙인다. 아빠는 아영이에게 '우리 집 정원사'가 되어 보라고 한다. 베란다를 정원으로 가꾸기 위해 아영이네는 도서관에 가서 정원사에 관한 책을 읽고, 꽃시장에 가서 식물들을 산다.

매사에 수줍음 많고 자신감이 없던 아영이는 방울토마토를 돌보며 점점 달라진다. 방울토마토가 무럭무럭 자라는 모습을 보니 뿌듯하고 기운이 펄펄났다.

꿈 발표회 시간이 되자 아영이는 베란다 정원의 사진을 보여 주며 토마토가 무럭무럭 자라는 모습을 보면 가슴이 두근거리고 기분이 좋다고 말한다. 선생님은 아이들에게 아영이처럼 꿈 씨앗이 자랄 수 있도록 작은 노력을 차근차근해 나가야 한다고 이야기한다.

시크릿한 책 속 비밀

요즘 아이들에게 무엇이 되고 싶은지 물어보면 특별한 꿈이 없다고 대답하는 경우가 많아요. 혹은 부모의 바람을 그대로 자기 꿈이라 여기거나, 최근 미디어의 영향 때문인지 유튜버나 크리에이터, 연예인을 꼽는 아이들도 많아졌어요.

우리 아이들, 정말 꿈에 대해 생각이 없는 걸까요?

요즘 아이들은 정말 바빠요. 수업 시간 아이들과 이야기를 나눠 보면 학원에 다니느라 새벽 1시에 잠드는 아이도 많다고 해요. 이렇게 늦게 잠들지만 학원 숙제를 다하지 못해서 학교에서 쉬는 시간에, 수업 시간 중간에 숙제를 하는 아이들도 많아요. 조회 시간에 짜증을 내면서 영어 단어를 외우는 아이들도 꽤 많이 보았고요.

아이들의 평균 키가 어느 순간부터 정체되었다고 해요. 공부를 많이 시키는 동네에서 필수 중 하나가 성장 주사라고 할 만큼 키가 크지 못하고 있다고 해요. 충분히 먹고, 충분히 놀고, 충분히 자야 성장하는데 공부하느라 바빠 충분히 놀거나 잠을 자지 못하는 것 같아 아이들을 보면 짠할 때가 많아요. 이렇게 바쁘게 사는 아이들이 다른 생각을 할 여유가 있을까요? 어쩌면 아이들은 어른들이 짜놓은 일정에 맞추어 바쁘게 생활하다 보니 미래를 꿈꿀 겨를이 없을지도 몰라요.

누구나 한 가지 이상의 재주를 갖고 있어요. 떠올리면 기분이 좋아지고, 할수록 재미있고 자신감이 생기는 일이 있지 않나요?

초등 저학년은 좋아하는 일을 찾을 여유가 있어요. 초등 저학년 아이들이 이 책을 통해 자신만의 꿈 씨앗을 발견하는 기쁨을 알면 좋겠어요. 사소한 것이라도 좋아요. 그것을 발견해 내고, 소중히 발전시키는 과정이 꿈의 시작이고, 미래의 큰 꿈을 이룰 수 있는 밑거름이 된답니다. 성장하면서 그 일을 위해 노력하면 돼요.

수줍음 많고 자신감이 없는 주인공 아영이의 모습은 꿈이 없거나 꿈에 대해 잘 모르는 우리 아이들과 닮았어요. 아영이는 방울토마토를 기르며 자신감을 찾고, 직업을 꿈꾸죠. 그 꿈을 위해 차근차근 노력해요. 아이들도 자신과 닮은 아영이가 성장하는 모습을 보면서 자신이 제일 좋아하는 일이 무엇인지, 가장 즐거운 것이 무엇인지 생각하고 그것을 찾기 위해 노력하기를 바랍니다.

부모와 아이의 인사이트 확장을 위한 TIP

• 네가 진짜 좋아하는 일은 뭐야? 진짜 좋아하는 일은 기분이 좋아지고 마
  음이 두근두근한 일이야. 그런 일들을 엄마와 함께 써 보자.
  (꿈 희망 목록 만들기)

_____의 꿈 희망 목록 만들기

1. 나의 예쁜 꿈은 뭐야?

    ....

    ....

    ....

    ....

2. 나의 멋진 꿈은 뭐야?

    ....

    ....

    ....

    ....

---

3. 나의 소중한 꿈은 뭐야?

----

4. 나의 행복한 꿈은 뭐야?

----

5. 나의 즐거운 꿈은 뭐야?

선생님, 바보 의사 선생님

글, 그림 이상희, 김명길 출판사 웅진주니어 연계 교과 국어 2-1 9. 생각을 생생하게 나타내요.

책 속으로

기오는 전쟁 때 아빠를 잃었고 집이 가난했다. 엄마는 무릎이 아픈 기오를 병원에 데려가고 싶지만, 병원비가 없어서 늘 한숨을 쉬었다.

어느 날 복음병원에 장기려라는 의사 선생님이 가난한 사람들을 위해 치료비를 조금만 받고 고쳐 준다는 소식을 듣고 찾아간다.

장기려 선생님은 기오의 의지에 따라 병을 고칠 수도, 고치지 못할 수도 있다고 말한다. 그는 수술 전 기오의 손을 잡으며 기도하고, 수술 후에도 병실에 찾아와 기오를 따뜻하게 쓰다듬어 준다.

수술 후 심심했던 기오는 병원을 돌아다니다가 장기려 선생님이 자신의 월급을 거지에게 전부 주거나, 병원비가 없는 사람들에게 병원비를 받지 않고 보낸다고 '바보 의사 선생님'이라는 별명으로 불린다는 이야기를 듣는다.

시크릿한 책 속 비밀

한평생 어려운 이웃에게 인술을 펼친 의사 장기려. 그의 아름다운 삶을 한 아이의 눈을 통해 이야기해요.

장기려 선생님은 어려운 환자들이 북적거리는 병원에서 늘 따뜻한 마음으로 그들을 돌보고, 돈이 없는 사람은 몰래 퇴원시키기도 하며 희생과 봉사의 삶을 실천하며 살아요. 사람들은 그런 그를 '바보 의사'라고 부르죠.

학교에서는 매년 아이들의 진로를 조사해요. 아이들이 어떤 꿈을 가지고 있고, 학교에서 어떻게 도와야 할지 알기 위해서죠. 그런데 그 진로를 결정한 이유를 물었을 때, 많은 아이들의 첫 번째 가치는 '돈'인 경우가 많았어요. 아이들은 자신이 알고 있는 직업 중 의사가 가장 돈을 많이 번다고 생각해요. 직업은 단순히 돈을 벌기 위한 수단이거나 돈을 가장 많이 벌어야 가치 있는 일은 아니랍니다.

그 돈을 어떻게 사용하고, 나의 직업을 활용해서 어떻게 살아야 가치 있는 삶인지 생각해야 해요. 아이들과 이 책을 읽으면서 우리가 세상을 살면서 가져야 할 삶의 가치를 생각하고, 나는 직업을 가졌을 때 어떤 자세로 살아갈지 생각해 보면 좋겠어요.

부모와 아이의 인사이트 확장을 위한 TIP

- 이 책의 주인공인 장기려에 대해 알아봐요.

> **장기려(張起呂) (1911~1995)**
> 1938년 경성의전 외과학 강사로 근무하다가 가난한 사람을 돕는 의사가
> 되겠다는 하나님과의 약속을 지키기 위해 1940년 기독교 계열의 평양 기
> 홀병원 외과 과장으로 자리를 옮긴다. 1950년 6·25 전쟁으로 남하한 후 부
> 산 영도구 남항동에 위치한 제3교회에서 무료 진료기관인 복음병원을 설
> 립하였다. 25년간 복음병원 원장으로 봉직하면서 영세민들에게 의료복지
> 혜택을 주기 위한 기틀을 마련했으며, 지역사회에서 소외된 사람들을 위해
> 헌신적으로 봉사하였다.
>
> — 출처: 한국민족문화대백과사전

Q 장기려 선생님처럼 다른 사람을 위해 살았던 사람은 누가 있을까?

- **알베르토 슈바이처(1875~1965)**
  프랑스 의사, 목사, 노벨평화상 수상
  프랑스 알자스(당시 독일)의 카이저스베르크에서 태어났다. 스트라스부르
  대학에서 신학과 철학을 전공하며, 고통 받는 사람이 많은 세상에서 자
  신이 누리는 행복이 당연한 것인가에 대해 고민하던 그는 30세까지 학문
  과 예술을 전공하고, 그 후부터 인류에 봉사하는 삶을 살겠다고 결심하며
  30세 늦은 나이에 의대에 들어간다. 1914년 부인 헬레네와 함께 아프리카
  랑바레네로 향했다. 그리고 1965년 90세의 나이로 세상을 마감할 때까지
  50여 년간 젊은 시절의 이상을 실천하며 아프리카 사람들의 건강을 돌보
  는 데 여생을 바쳤다.

- **이태석 신부(1962~2010)**

  국민훈장 무궁화장 추서, 남수단 대통령 훈장 추서

  인제대학 의과대학에 입학해 의사 면허를 취득하고 군의관으로 복무하며 신부가 되고 싶은 꿈을 가졌다. 전역 후 광주가톨릭대학교에서 신학을 전공했다. 살레시오회 수도 사제이자 의사로 아프리카 사제서품을 받은 직후 아프리카 케냐로 갔다가 더 위험한 남수단으로 건너가 의료 활동을 시작했다. 열악한 환경 속에서 병원을 만들고 한센병과 결핵 환자들을 보살피며 지속적인 예방접종 사업을 벌였다. 2008년 귀국 후 건강검진에서 대장암 4기 판정을 받고, 2010년 사망하였다.

- **테레사 수녀(1910~1997)**

  로마 가톨릭교회의 수녀, 노벨평화상 수상

  마더 테레사라고 불리기도 한다. 테레사 수녀는 꾸준히 미혼모, 고아, 나병 환자 등을 돌보았다. 처음에는 반신반의하며 테레사의 행동을 바라보던 가톨릭 교단과 인도 정부는 그녀의 헌신적인 봉사를 인정했다. 그 후 1950년에 인도의 콜카타에서 사랑의 선교회라는 천주교 계통 수녀회를 설립하였고, 많은 유명 인사들이 인도를 방문해 거액의 기부금을 내놓았다. 테레사 수녀는 45년간 사랑의 선교회를 통해 빈민, 병자, 고아 등을 위해 헌신했다. 테레사 수녀의 장례는 인도 국장★으로 치러졌다.

★ 국장:
　나라에 큰 공이 있는 사람이 죽었을 때 국비로 장례를 치르는 일

욕심쟁이 딸기 아저씨

글, 그림 김유경   출판사 노란돼지   연계 교과 국어 2-1 11. 상상의 날개를 펴요.

책 속으로

아저씨가 손수레에 딸기를 가득 싣고 집으로 간다. 아저씨는 딸기를 사 모으기 시작했다. 딸기를 좋아해서 딸기만 먹기로 한 것이다. 마을 사람들은 딸기가 먹고 싶어도 먹을 수 없게 되었다.

동네 사람들이 손가락질하자 아저씨는 화가 나서 근처 딸기밭까지 몽땅 사 버린다. 아저씨 집은 온통 딸기로 가득 찬다. 아저씨는 날마다 딸기만 먹었다.

딸기를 먹다 배탈 난 아저씨가 밖을 보자 마을 사람들이 수박을 먹고 있었다. 동네 꼬마가 아저씨에게 수박을 주었다. 아이는 아저씨 집에서 나는 딸기 냄새에 딸기가 먹고 싶어 울었으나 아저씨는 주지 않았다. 아저씨는 마음이 편하지 않았다. 집이 넓어 보이고 마음이 불편했다.

다음 날 아침 아저씨는 집에 있던 딸기를 씻어 나누어 담는다. 아저씨는 마을 공터에서 딸기잼을 만든다. 마을 사람들에게 주걱을 나눠 주고 함께 젓는다. 그 딸기잼을 동네 사람들에게 나눠 준다.

아저씨는 함께 만들고 나누는 것이 즐거운 일이라는 걸 깨닫고 자신의 행동을 떠올리며 얼굴이 빨개진다.

시크릿한 책 속 비밀

이야기 마지막에서 욕심쟁이 딸기 아저씨의 얼굴은 왜 빨개졌을까요?

무엇을 해도 혼자서 한다면 잘하기 힘들어요. 누군가와 함께하는 것이 더 쉽고, 행복하거든요. 그런데 이 책의 주인공인 아저씨는 딸기를 먹고 싶어서 그것을 전부 사고, 혼자 먹으려고 집의 문을 걸어 잠가요. 심지어 자신의 것을 나누기 위해 온 아이에게도 딸기를 나눠 주지 않죠.

학교에서 이루어지는 활동은 모둠으로 해야 하는 활동들이 많아요. 그런데 모둠활동을 할 때, 혼자만의 욕심으로 활동하면 엉망이 되고 말아요. 서로 돕고 배려하고 나누어야 해요. 그래야 훌륭한 결과물을 얻을 수 있답니다.

나눔과 배려는 비단 학교에서만 가져야 하는 덕목은 아니에요. 최근 신입직원을 뽑을 때 협동심과 배려심을 가진 사람을 우선으로 뽑는다고 해요. 회사에서도 프로젝트를 수행할 때, 다른 사람을 배려하고 협동하는 마음을 가진 팀이 더 좋은 성과를 낸다는 데이터를 갖고 있는 거죠.

이 책을 통해 혼자서 자신만의 성을 쌓고 누리겠다는 이기심이 얼마나 자신을 외롭게 만드는지, 다른 사람과 함께하고 자신의 것을 나누는 것이 얼마나 행복한지 느끼게 해 줘요.

4차 산업혁명 시대에 필요한 인재는 똑똑하거나 성실하기만 해서는 안 돼요. 앞으로는 타인과의 협력과 교류를 통해 가치를 최대화하는 인재를 핵심으로 꼽아요. 욕심쟁이 딸기 아저씨 이야기의 결말을 통해 앞으로 어떻게 살아야 할지 아이가 스스로 생각하는 계기가 되면 좋겠어요.

부모와 아이의 인사이트 확장을 위한 TIP

• 책을 읽은 후 다음과 같은 질문을 하며 아이와 대화를 나누어 봐요.

1. (페이지마다) 아저씨의 표정이 어떤지 살펴볼까?

----

2. 마지막 페이지에 있는 아저씨의 얼굴은 왜 빨개졌을까?

----

3. 너도 이렇게 욕심 부리다가 후회한 적 있니? 그때 어떤 생각을 했어?

치과 의사 드소토 선생님 ★뉴베리상, 칼데콧상

글, 그림 윌리엄 스타이그 출판사 비룡소 연계 교과 국어 2-1 11. 상상의 날개를 펴요.

책 속으로

> 생쥐이자 치과 의사인 드소토 선생님은 솜씨가 좋다. 치과 앞에는 고양이나
> 사나운 동물에게는 치료해 주지 않는다고 쓰여 있다.
> 어느 날, 여우가 울며불며 찾아와 이가 아프니 고쳐 달라고 통사정을 한다.
> 드소토 선생님 부부는 잠깐 망설이다가 여우의 썩은 이를 뽑고 새 이로 고쳐
> 준다.
> 여우는 이를 다 고치고 나면 드소토 선생님 부부를 잡아먹어야겠다고 생
> 각한다. 드소토 선생님 부부는 여우의 생각을 눈치 챘지만, 끝까지 치료해
> 준다.
> 드소토 선생님은 여우에게 새로운 약이 있다면서 이에 약을 바르고 약이 스
> 며들게 입을 다물라고 한다. 잠시 후, 여우는 드소토 선생님 부부를 잡아먹으
> 려고 입을 벌렸지만 입이 벌어지지 않는다. 여우는 어쩔 수 없이 드소토 선생
> 님에게 고맙다는 인사를 하고 돌아간다.

시크릿한 책 속 비밀

> 교활한 여우와 영리한 쥐의 대결을 바라보는 재미가 쏠쏠한 그림책이에요.
> 이 책의 저자인 윌리엄 스타이그의 그림책은 늘 예상치 못한 반전으로 재미를
> 선사해요.
> 《당나귀 실베스터와 요술 조약돌》에서는 바위로 변한 실베스터가 우연히
> 요술 조약돌을 발견한 아버지 때문에 극적으로 당나귀의 모습을 되찾고, 《멋
> 진 뼈다귀》에서는 돼지 '펄'이 여우에게 잡아먹히려는 순간 뼈가 자기도 모르
> 게 주문을 외워 생쥐처럼 작게 만들어 버리기도 해요. 《부루퉁한 스핑키》에서
> 골이 잔뜩 났던 스핑키가 엉뚱한 방법으로 식구들과 화해하고, 《용감한 아이

린》에서 엄마 대신 드레스를 배달하던 아이린은 바람에 날아가 버린 드레스를 배달해야 하는 집 정원에서 찾아요. 이런 우연들은 예상을 뒤엎는 감동을 준답니다.

학교생활도 마찬가지예요. 수업이나 활동을 아무리 꼼꼼하게 계획해도 수업은 계획한 대로 흘러가지 않죠. 수업 시간에는 언제나 예상치 못한 일이 발생해요. 선생님 입장에서도 그렇지만 아이들 입장에서도 마찬가지예요.

학교생활뿐 아니라 모든 게 다 그렇죠. 예상한 대로 되는 일은 드물어요. 그뿐인가요? 어떤 것을 굉장히 잘하는 아이라도 다른 것은 못할 수도 있고, 어떤 것을 못하는 아이라도 다른 것은 잘할 수 있어요. 우리의 삶은 늘 반전의 연속이에요. 학교에 다니면서 아이도 전혀 예상하지 못했던 일이 있었을 거예요. 그때의 경험을 떠올리며 책 내용에 푹 빠지게 해 주세요.

이 책을 잘 살펴보면 작은 생쥐에게는 단정한 옷과 훌륭한 의사 선생님이라는 직책을 주고, 반대로 덩치가 큰 여우는 교활하고 의리 없는 존재로 설정해 놓았어요. 왜 이렇게 했을까요? 겉모습과 내면이 꼭 일치하지 않는다는 사실을 이야기하려는 건 아닐까요? 자신이 위험해 빠질 수 있는 상황임에도 불구하고 생쥐가 여우를 치료해 주는 모습을 보며 직업의식이란 무엇인지도 생각하게 한답니다.

부모와 아이의 인사이트 확장을 위한 TIP

• 책을 읽은 후 다음과 같은 질문을 하며 아이와 대화를 나누어 봐요.

1. 튼튼한 이를 가지기 위해서 어떻게 해야 할까?

----

2. 드소토 치과 의사 선생님은 고양이나 사나운 동물에게는 왜 치료를 해 주지 않았을까?

----

3. 치료가 끝난 여우의 이는 붙어서 입을 열 수 없었잖아. 드소토 선생님
은 왜 여우를 그렇게 만들었을까?

---

4. 너도 학교에서 이렇게 작고 약해 보이는 친구인데 마음이 단단하고 배
울 점이 많은 아이가 있어? 너는 어떤 친구가 되고 싶어?

나는 나의 주인 ★국립어린이청소년도서관 사서 추천 도서

글, 그림 채인선, 안은진   출판사 토토북   연계 교과 국어 2-1 2. 나의 꿈

책 속으로

> 나는 내 몸의 주인이라 잘 안다. 나는 내 몸을 잘 돌본다. 머리도 빗고, 상처에 약도 바른다. 나는 몸도 지킨다. 차 조심, 뛰지 않기, 높은 데 올라가지 않고 위험한 곳은 피한다.
>
> 나는 몸이 하는 말을 잘 알아듣는다. 쉬고, 잠을 자고, 몸을 따뜻하게 한다.
>
> 나는 마음이 하는 말도 잘 알아듣는다. 그러나 마음은 변덕쟁이라 화가 나기도, 슬프기도, 겁이 나기도, 기분이 좋아지기도 한다.
>
> 나는 내 기분을 나아지게 할 책임이 있다. 내 마음의 주인이기 때문이다. 화가 날 때, 슬플 때, 겁이 날 때, 기분이 좋을 때 어떻게 할지 생각한다.
>
> 나는 내가 무엇을 잘하는지, 무엇을 잘 못하는지 안다. 매일 조금씩 배워 나간다.
>
> 나는 좋아하는 것도, 싫어하는 것도 안다. 주인으로서 나는 내가 어떤 사람이 될지 어떤 행동을 할지 생각한다.

시크릿한 책 속 비밀

> 자신을 가치 있고 중요한 존재로 생각하는 아이는 세상을 대할 때도 가치 있게 대해요. 반면 자존감이 낮은 아이는 자신을 소중히 하지 않고, 친구와 어울리는 것을 어려워해요. 작은 일에 쉽게 상처 받고 새로운 일을 두려워하며 쉽게 포기하기도 하고요.
>
> 자존감을 키우는 일은 굉장히 중요해요. 자존감이 높은 아이는 자기 몸과 마음을 소중히 하고 친구들과도 사이좋게 지내요. 실패에 낙담하지 않고 문제 해결에 적극적이며, 자기 일을 스스로 하고요. 자신을 사랑하고 존중하는 마음에서부터 아이는 세상과 마주하는 힘을 얻어요.

우리 반 아이 이야기를 잠깐 할게요. 이 친구는 자존감이 매우 낮아요. 상담해 보니 세상의 모든 말이 자신에게 가시처럼 느껴진다고 하더라고요. 본인에게 한 이야기가 아닌데도 꼭 자신에게 하는 이야기같이 느껴지고, 약간의 꾸지람을 들어도 잘못된 생각을 했어요.

학교에 Wee Class라는 상담실이 있는데, 이 아이는 하루에 한 번은 반드시 그곳에 들렀어요. 상담 내용은 비밀이기 때문에 내용을 다 알 수는 없지만 낮은 자존감으로 학교생활뿐 아니라 일상생활에서도 무척 힘들어 한다고 했어요.

그런데 이 아이는 제가 볼 때 자존감이 낮을 만한 아이가 아니었어요. 돋보이는 미모를 갖고 있고, 남들에게 뽐낼 만한 춤 솜씨도 가진 멋진 아이예요. 운동도 잘해서 도 대회에 선수로 선발될 만큼 실력이 좋고요. 그런데도 자존감이 낮아서 자신의 가치를 스스로 폄하하는 거죠.

아이를 옆에서 지켜보면서 참 안타까웠어요. 자존감만 높다면 자신이 가진 매력을 더 잘 발휘할 텐데 말이죠. 어려서부터 자존감을 높이는 게 매우 중요하다는 걸 이 아이를 볼 때마다 느껴요. 아이에게 계속해서 존재의 소중함을 알려 주고, 스스로 내 몸과 마음의 주인이 되도록 이야기해 주세요. 그러려면 어떻게 해야 할까요? 작가는 조곤조곤하게 내 몸과 마음의 주인으로 자라는 법을 알려 줘요.

그림 속 개구진 친구 이야기를 연극하듯 재미나게 읽으며 나와 다른 사람을 존중하고 사랑하는 마음을 가지게 될 거예요.

이 책은 아이가 직접 소리 내어 읽어 보기를 권해요. 그러면 아이는 이야기에 공감하고 주인공에게 동화된답니다. 나의 주인이 되는 것은 어려운 일이 아니고 자연스럽고 당연한 일임을 내면화할 거예요.

많은 아이들이 이 책을 통해 당당하고 멋진 주인으로 자라기를 바랍니다.

부모와 아이의 인사이트 확장을 위한 TIP

• '나의 주인'이 되려면 스스로를 잘 알아야 하겠죠. 아이가 직접 써 보거나 이야기로 나누어도 좋아요.

내가 좋아하는 것

내가 싫어하는 것

내가 잘하는 것

내가 못하는 것

고래새우 말고 대왕고래

글, 그림 이정은, 임윤미   출판사 파란자전거   연계 교과 국어 1-2 10. 인물의 말과 행동을 상상해요.

책 속으로

조에게는 꿈이 있다. 세상에서 가장 커다란 고래를 잡는 꿈이다.

마을 사람들은 허황하다고 혼자서는 절대 무리라고 수군대지만, 그럴수록 조는 꼭 꿈을 이루어 사람들의 콧대를 납작하게 만들고 싶다. 혼자서 커다란 배도 만들고, 낚싯대도 새로 사고, 미끼도 마련한다.

조는 드디어 꿈을 이루기 위해 바다로 나간다. 바다 한가운데에 도착한 조는 별똥별이 떨어지기를 기다려 낚싯대를 던졌다. 그러나 고래가 아닌 고래만 한 새우를 잡았다.

조가 낙담하고 있는데 작은 배를 타고 지나가던 할아버지가 조에게 말을 건다. 조는 할아버지를 보며 자신이 갈매기 똥을 별똥별로 착각했다는 것을 깨닫는다.

할아버지는 조의 커다란 배와 인내심을 칭찬하고, 별똥별과 갈매기 똥을 착각해서 실수한 조에게 남다른 눈썰미를 가졌다고 말한다.

두 사람은 서로 꿈에 대해 이야기한다. 할아버지는 꿈은 잡는 게 아니라 만들어 가는 거라고 말하며 자신은 꿈을 만들어 가는 중이며 완성되면 조를 초대하겠다고 한다.

시크릿한 책 속 비밀

모든 것에는 처음이 있고, 처음은 실수와 실패가 있기 마련이에요. 무엇이든 처음 경험하는 아이들에게 실수는 당연한 일이죠. 실패는 성공의 어머니라고 해요. 이런 실패와 실수가 성공을 만드는 이유는 이를 통해 생긴 지식과 경험, 인내와 생각으로 한 단계 발전할 수 있는 밑바탕을 만들기 때문이죠.

꿈을 잡기 위해 바다로 나간 조와, 꿈을 만들기 위해 바다에 나온 할아버지의 만남을 통해 노력과 선택, 진정한 꿈이 무엇인지 생각하게 됩니다. 절대 꿈을 이룰 수 없다고 마을 사람들이 손가락질했지만 자신의 꿈을 위해 도전하고 노력하는 조의 모습, 그럼에도 계속된 실수로 조는 결국 스스로를 비난하고 낙담할지도 몰라요.

하지만 조의 노력을 알아본 할아버지의 따뜻한 말과 특별한 꿈에 대한 이야기는 또 다른 도전을 향한 용기로, 새로운 목표를 향한 노력으로 조뿐 아니라 독자 모두를 격려해요.

'꿈이 무엇인가요?'라고 물으면 많은 아이들이 취업이 잘 되는 대학이나 학과, 돈을 잘 버는 직장, 누구나 부러워하는 직업을 말하죠. 행복한 삶을 사는 것보다 행복한 삶을 위한 수단을 '꿈'이라고 착각하는 경우가 많아요.

아이가 자라는 시간은 꿈을 향해 나아가는 과정이에요. 실수도 실패도 배움의 발판이 되어야 해요. 그러나 아이가 사는 세상은 그렇지 않아요. 꿈이 목적이 되어 버린 세상에서 실수하거나 실패한 사람은 더 나아가지 못하고 그 자리에 주저앉아 버려요.

아이가 미래를 위해 진로를 찾고, 직업을 찾을 때 곁에서 부모가 도와야 해요. 그러나 그보다 더 중요한 것은 아이가 실패했을 때의 태도와 그 꿈을 향해 나아가는 과정이랍니다.

어른들이 아이를 좌지우지할 수 없어요. 어른들은 그저 아이의 곁에서 낙담하거나 좌절하지 않도록 도와야 한다는 사실을 잊지 마세요.

부모와 아이의 인사이트 확장을 위한 TIP

• 나의 꿈을 써 봐요.

제일 하고 싶은 일은 뭐야?

그 일을 하기 위해 해야 할 일 ①

그 일을 하기 위해 해야 할 일 ②

그 일을 하기 위해 해야 할 일 ③

그 일을 하기 위해 해야 할 일 ④

기린의 날개 ★서울시교육청 어린이도서관 추천 도서

글, 그림 심예빈, 이갑규   출판사 봄개울   연계 교과 국어 2-1 8. 상상의 날개를 펴요.

책 속으로

> 액자 안의 기린은 처음에는 액자 안이 넉넉하고 편안했다. 하지만 점점 자랄수록 액자가 답답해진다.
> 액자 안에 웅크리고 있던 기린은 용기를 내 액자를 부수고 나가기로 한다. 기린은 하늘로 날아오르기 위해 비바람과 맞서며 쉼 없이 노력하고 결국 자신에게 맞는 '수제 맞춤 날개'를 갖는다. 기린은 하늘로 날아간다.

시크릿한 책 속 비밀

이 책의 기획자인 이현아 선생님은 초등학교에서 오랫동안 그림책 창작 수업을 진행했어요. 그중 키가 커서 기린이라는 별명을 가진 초등학교 5학년이었던 심예빈 학생이, 그 수업에서 《기린의 날개》를 쓰고 그렸다고 해요. 자신의 이야기를 그림책으로 쓴 거죠.

그 학생이 고등학교 2학년 때, 새로 그림책으로 펴냈어요. 기존 줄거리는 그대로 가져가면서 글을 약간 다듬고, 전문 화가에게 삽화를 맡김으로써 책 전체의 완성도를 높였고요.

그림책 속 기린은 있던 자리에 만족하며 머무르지 않고 계속 새로운 세상을 찾아 도전해요. 액자 틀을 깨고 땅으로 나오고, 땅을 박차고 하늘로 날아오르죠. 기린의 모습은 이 책을 쓴 심예빈 학생의 모습을 닮아 있어요.

요즘 아이들은 '결핍'이 없다고 해요. 모든 것을 '풍요'롭게 느끼며 살아가는 아이들은 사실 부족한 게 없어요. 학교에서도 학기가 끝날 무렵 교실을 살펴보면 각종 학용품이 굴러다녀요. 주인이 누구인지 물어도 아무도 답하지 않아요. 잃어버리면 새로 사면 그만인 거죠. 또한 무슨 일이 생기면 스스로 그 일을 해결하기보다는 부모님에게 의존하는 경우가 많아요.

이런 풍요로운 삶을 사는 아이들은 스스로 자신의 틀을 깨는 생각을 하기 힘들어요. 책을 통해 자신의 삶을 주체적으로 살도록 용기를 북돋아 주어야 해요.

책 속의 틀은 물질적인 것만을 의미하지 않아요. 다음 단계로 나아가기 위해서는 지금 자신을 둘러싼 모든 틀(환경, 생각, 태도 등)을 깨는 과정이 필요하거든요.

만일 지금 만들어진 틀에 만족하며 살고 있다면 이 그림책을 통해 나와 새로운 세상과 꿈을 찾아 도전하는 용기를 얻길 바라요.

부모와 아이의 인사이트 확장을 위한 TIP

• 이 책과 유사한 주제의 《데미안》도 함께 읽어 봐요.

진정한 어른이란 무엇일까? 어른은 성숙한 신체를 갖고 누군가의 도움 없이 스스로 자신을 책임지고 살 수 있는 존재다. 주체적으로 세상을 보고, 내적으로 성장한 사람이 어른이다. 그러나 보살핌을 받던 어린 시절을 지나 독립하는 어른의 과정은 쉽지 않다. 세상에는 수많은 위험이 있고, 홀로 세상과 맞닥뜨려야 하기 때문이다. 이 과정에서 실수도 하고, 도전도 한다.

데미안의 주인공 에밀 싱클레어는 처음에는 부모의 보호 아래 밝은 세계에 있지만, 어둠의 세계를 알게 되며 어른으로 성장한다. 밝은 세계는 부모의 보살핌을 받으며 긍정적으로 살 수 있는 아늑한 곳, 어둠의 세계는 폭력적이고 음울하여 삶의 시련이 느껴지는 곳이다.

아이들은 세상이 얼마나 무섭고 위험한지 모른다. 주인공 싱클레어도 밝은 세계만 알고 있다. 대부분 사춘기를 겪으며 자신이 있던 밝은 세계보다 어둠의 세계에 관심을 갖는다. 이 두 세계를 알게 되면서 성숙해지는 것이다.

싱클레어는 크로머를 만난다. 크로머는 술주정뱅이 아버지가 있는 가정 환경에서 어둠의 세계를 일찍 알게 된 인물이다. 그는 싱클레어를 어둠의 세계로 소개한다. 싱클레어는 나쁜 짓을 하는 크로머 일행이 멋있어 보여 거짓말을 한다. 크로머는 싱클레어의 거짓말을 알고 협박한다. 처음으로 괴롭힘을 당하고 어둠의 세계에 빠진 싱클레어는 괴로워한다.

그러던 어느 날 전학생인 데미안이 나타난다. 그는 싱클레어의 고민을 알고 어둠의 세계에서 벗어나도록 돕는다.

데미안은 싱클레어 기준에서 기존의 질서와 시각에서 벗어난 사람이다. 싱클레어는 데미안에게 끌렸으나 그가 밝음과 어둠의 어떤 세계에도 속하

지 않는 인물로 느껴져 두려움을 느낀다. 그는 부모의 보호 아래 밝은 세계
로 숨는다.

싱클레어는 졸업 후 오랫동안 데미안을 만나지 않았다. 어느 날 꿈에서
그를 만나고 그에게 쪽지를 보낸다.

데미안은 답장을 보내는데, 그 답장이 바로 오늘날 데미안에서 가장 유
명한 말이다.

나는! 내 안에 마법을 일깨우는 말 ★한국어린이교육문화연구원 으뜸책 선정

글, 그림 베키 커밍스, 주자나 스보보도바   출판사 파스텔하우스   연계 교과 봄 2-1 1. 알쏭달쏭 나

책 속으로

나는 어떤 사람인지, 어떤 특별한 점과 장점이 있는지 하나씩 꼽아 보고 그 이유까지 설명해 보는 책이다.

'나는 특별해', '나는 친절해', '나는 사랑받고 있어', '나는 아름다워' 등 12가지의 나를 돌아보고 칭찬하는 말을 담아 나에 대한 긍정적인 마음을 기르도록 한다.

큰 실수를 했거나 어른들께 혼나서 속상한 날에도 스스로를 위로하고, 믿어주고, 힘을 주는 말을 하게 되어서 나를 사랑하고 존중하는 평생의 습관을 기르도록 도와준다.

시크릿한 책 속 비밀

최근 '긍정 확언'이라는 말이 유행이에요. 어른들이 자존감 향상을 위해 자신에게 긍정적인 말을 쓰고 외치는 거죠. 스스로 긍정적인 말을 함으로써 자신을 소중히 여기고 아낄 수 있어요.

이 책도 마찬가지예요. 아이들은 무언가를 잘해야만 멋지다고 생각해요. 그러나 그렇지 않아요. 그냥 '나'이기 때문에 멋진 거랍니다.

이 책은 '마법이 이미 네 안에' 있다고 계속 말해요. 어른들은 아이들에게 무언가를 잘하라고 열심히 가르쳐요. 하지만 이런 가르침이 과연 옳을까요?

아이들은 자신을 남들과 비교하거나, 어떤 일을 기대했던 것만큼 잘 해내지 못하면 내가 완전하지 않은 걸까 오해하기도 하고 상처받기도 한답니다.

꾸준히 긍정의 말을 들려주면 좌절하고 실망스러운 상황이라 해도 내 안에 좋은 것이 많다는 것을 믿게 돼요. 자신을 믿고, 어떤 일을 해도 받아들여질 수 있다는 안전한 울타리를 느낄 때 도전과 실패를 두려워하지 않고 더 적극적으로 행동할 수 있어요.

내 삶의 주인으로 살아가기 위해서는 무엇보다 나를 긍정적으로 받아들이는 게 우선 되어야 해요.

학생들 중에 항상 긍정적인 아이들이 있어요. 내가 비슷한 상황에 처했다면 분명히 화가 날 것 같은데도 허허 웃고 지나가더라고요. 지켜보다가 나중에 따로 불러서 이야기해 보면 마음속에 강인한 자아를 갖고 있어서 그 정도의 어려움은 크게 힘들게 느끼지 않는다고 해요. 그런 아이들을 볼 때마다 생각해요. 내 아이도 거센 파도를 만났을 때 강인하게 이겨 낼 수 있는 존재가 되면 좋겠다고 말이죠.

이 책은 베드 타임용으로 활용해도 좋아요. 아이가 속상한 일을 겪었을 때 자기 전에 '그런 날도 있어, 그래도 괜찮아'라고 위로하는 시간을 갖는 거죠. 자신의 목소리로, 부모의 목소리로 괜찮다는 말을 들으면 마음의 상처가 아물 거예요.

'나는'이라는 말 뒤에 자신에 대한 멋진 말을 넣어서 읽어 봐요.

부모와 아이의 인사이트 확장을 위한 TIP

• 책을 본 다음, '나는' 다음으로 오는 말을 떠올려 다양하게 적고, 그 이
유를 말하는 활동을 해 봐요. (파스텔하우스 블로그(https://blog.naver.com/
pastelhousebook/) 또는 큐알코드로 접속해 독후활동지를 다운받을 수 있어요.)

 '나는' 독후활동지

쌤의 조언 한 마디!

애들아, '나는' 다음으로 올 긍정의 말을 직접 적어 봐. 왜 그런 말을 붙였는지도 말해 봐. 작은 이유라도 말할 수 있다면 긍정의 말을 진짜 믿을 수 있어. 긍정의 말을 10개 적을 수 있다면 10개만큼, 100개 적을 수 있다면 100개만큼 나의 멋지고 대단한 점을 알게 된단다.

'나는 말썽을 피워.', '나는 예쁘지 않아.' 같은 나쁜 생각은 스스로 움츠러들게 해. 나를 비추는 '생각 거울'을 바꾸어 봐. '나는 예의를 잘 지켜.', '나는 예뻐.'라고 나를 바라보고 인정하는 것에서 진짜 예의를 잘 지키고 예쁜 사람이 되는 첫걸음이 시작된단다.

아피야의 하얀 원피스

글, 그림 제임스 베리, 안나 쿠냐 출판사 나는별 연계 교과 국어 2-2 4. 인물의 마음을 짐작해요.

책 속으로

아피야는 하얀 원피스를 입으면 더욱 돋보이는 아름다운 검은 피부와 긴 팔다리를 가지고 있다.

아피야에게는 하얀 원피스가 있다. 매일 새로운 것이 그려지는 신기한 원피스이다.

아피야가 밤마다 원피스를 빨아도 그림의 빛깔은 생생하다. 해바라기, 장미, 나비와 풍경 등 아피야가 지나가는 곳의 풍경이 옷에 그대로 담긴다. 그런데 다음 날이 되면 원피스는 다시 새 그림을 그릴 수 있도록 하얗게 된다.

아피야에게는 날마다 놀라운 일이 일어난다.

시크릿한 책 속 비밀

글을 쓴 작가는 2017년에 세상을 떠난 영국계 자메이카 시인으로 그가 남긴 한 권의 그림책이에요.

아피야(스와힐리어로 '건강'이라는 뜻)의 하얀 원피스는 날마다 아피야가 새롭게 만나는 세상의 풍경과 멋진 순간을 담아요. 아피야가 체험하는 매일이 생생하게 그려지는 이 원피스는 아피야의 스케치북이자 그림 일기장이랍니다.

초등 저학년 아이들은 그림일기를 써요. 그림일기 속에 아이들의 수많은 이야기가 담겨 있어요. 아이들은 그림을 그리며 다양한 색을 사용하는 즐거움을 느끼고, 머릿속에 있는 내용을 표현하는 연습을 해요. 다음 날 새 페이지에 그날의 그림일기를 또 쓰고요. 그림 일기장은 아피야의 원피스처럼 날마다 아이들의 놀라운 일을 담는 멋진 옷인 셈이죠.

저도 아이들이 어렸을 때 썼던 그림일기를 보면 언제 이렇게 훌쩍 자랐는지 대견하기도 하고 아쉽기도 해요. 또 아이들이 바라보는 것과 내가 생각하는 것이 다르기도 해서 같은 일도 '이렇게 다르게 볼 수 있구나' 하는 생각도 들고요. 하루하루 소중하지 않은 시간은 없어요. 그 소중한 하루하루가 모여 아이는 성장해요.

　매일 꾸준히 기록하는 습관은 중요해요. 세상을 감동시킨 많은 작가들이 이야기하는 것 역시 바로 메모의 힘이에요.

　이 책의 모든 장면에서 아피야는 늘 환하게 웃고, 계속 움직이고, 걷고, 춤추고, 높은 곳에 오르고, 탐험해요. 아이들도 늘 환하게 웃고, 움직이고, 탐험해요. 아피야의 이야기를 따라가며 아이들도 아피야와 비슷한 경험을 했던 것이 생각날 거예요. 그 이야기를 주고받으며 아피야에게 일어나는 마법 같은 일들에 대해 상상력을 펼치고, 세상 모든 아이가 아피야와 같은 경험을 한다는 것도 알 수 있답니다.

부모와 아이의 인사이트 확장을 위한 TIP

• 아침부터 저녁까지 하루를 기록해 보며, 언제가 즐거웠는지 아쉬웠던 점
  은 무엇인지 이야기를 나누어 봐요.

<나의 하루>

오전(8~12시)

오후(12~6시)

저녁(6~10시)

엄마 소방관, 아빠 간호사

글, 그림 한지윰, 김주경   출판사 씨드북   연계 교과 사회 3-2 가족의 모습(형태)과 역할 변화

책 속으로

> 사람들은 엄마가 소방관이라고 하면 특이하다고 말한다.
> 하지만 엄마는 세상에서 사람과 동물을 구하는 가장 용감한 구조대원이다.
> 최선을 다하지만 여자라는 이유로 비난을 받기도 한다. 나는 슬픈 얼굴로 엄마에게 왜 소방관이 되었냐고 물었다.
> 그러나 엄마 덕에 희망을 얻고 세상을 살아가는 사람들이 많다. 엄마는 그때 제일 행복하다며 소방관이 되기를 잘했다고 한다.
>
> 사람들은 아빠가 간호사라고 하면 엄마가 아니라 아빠가 간호사냐고 다시 묻는다.
> 아빠는 치료가 필요한 사람들을 돕고, 물품을 나르기도 한다. 그렇지만 사람들은 남자 간호사는 불편하다며 여자 간호사를 찾는다. 나는 지친 얼굴의 아빠에게 사람들이 아빠를 왜 불편해 하냐고 물었다.
> 사람들은 아빠가 친절하다고 이야기한다. 아빠는 간호사가 되길 잘했다고 생각한다.

시크릿한 책 속 비밀

> 이 이야기를 거꾸로 읽어 보세요. 새로운 이야기가 보일 거예요.
> 우리가 사는 세상은 정말 평등할까요? 많은 사람들이 남자나 여자가 할 수 있는 일이 정해져 있다고 생각해요. 이러한 성 역할에 대한 고정관념은 아이들에게도 영향을 주죠. 아이들도 색깔, 직업, 놀이 등에서 남녀로 구분하는 경우가 많아요.
> 고정관념이 생기면 자신도 모르게 다른 사람을 차별하거나, 꿈의 범위를 제

한할 수 있어요. 성 역할이 형성되는 어린 시절부터 고정관념과 차별에 관한 이야기를 많이 나눠야 해요.

학교 수업 중에 스포츠클럽 시간이 있어요. 스포츠클럽은 스포츠를 즐기고, 체력을 증진시키기 위해서 만든 수업으로, 교육이 목적인 체육 수업과는 성격이 조금 달라요.

제가 근무하는 학교에는 스포츠클럽에 축구부가 있어요. 최근에는 TV에서 여자 연예인들이 축구를 하는 프로그램도 있지만 당시에는 축구는 남자의 전유물로 여겨졌어요.(실제로 여학생은 축구부를 선택한 적이 없었어요.) 그런데 축구부에 참여하고 싶은 여학생들이 생겼어요. 담당 선생님이 난감해 하면서 남학생이 절대 다수인데 괜찮겠냐고 물었어요. 여학생들은 여자도 축구를 할 수 있다며 축구부에 넣어 달라고 했고, 결국 축구부 활동을 했답니다.

남자다운 직업, 여자다운 직업은 없어요. 이 책은 낡은 고정관념을 깨고 자신의 꿈을 이룬 엄마와 아빠의 이야기를 들려줘요. 여자라서, 남자라서 안 되는 직업은 없다는 거죠.

이 책은 독특하게 앞에서부터 읽어도 되고, 뒤에서부터 읽어도 돼요. 각각 다르게 느껴진답니다.

부모와 아이의 인사이트 확장을 위한 TIP

• 책을 읽은 후 다음과 같은 질문을 하며 아이와 대화를 나누어 봐요.

1. 남자가 해야 하는 일, 여자가 해야 하는 일이 있다고 생각하니?

----

2. 엄마(아빠)가 하는 일은 남자가 하는 일 같아, 여자가 하는 일 같아?

----

3. 세상에는 이 책처럼 남자가 해야 하는 일, 여자가 해야 하는 일은 없어.
누구나 자신이 좋아하는, 자신이 그 일을 했을 때 잘했다는 생각이 드는
일을 하면 된단다. 너는 어떤 일을 하고 싶니?

집짓기

글, 그림 이재경   출판사 고래뱃속   연계 교과 국어 2-2 4. 인물의 마음을 짐작해요.

책 속으로

원하는 곳에 집을 마음껏 지을 수 있다면 어떤 집을 지을까? 어디에 지을까? 창문이 많은 집도, 움직이는 집도 지을 수 있다. 나무 위에도, 물 위에도, 하늘 위에도 지을 수 있다. 어떤 재료로도, 어떤 형태로도 지을 수 있다.
집은 바깥의 세상으로부터 나를 보호해 준다. 거센 바람이 불거나 뜨거운 햇살이 있어도 괜찮다. 반대로 집은 창과 창문이 있어 세상과 연결되기도 한다. 원하는 집을 지으면 창문을 열고 즐거움을 만끽한다.

시크릿한 책 속 비밀

우리는 보살핌이 필요한 연약한 존재로 태어나, 부모의 품에서 떠날 준비를 마치면 독립을 해요. 낯설고 험난한 세상에 터를 잡고 자신만의 집을 다시 짓기 시작하죠. 언제 완성될지도 모르고 재료도 부족하지만 매일 조금씩 내 집을 만들어 나가야 해요.

여기서 집은 내면에 짓는 집을 말해요. 내면에 단단한 집을 지어 두면 아무리 밖에서 흔들어도 흔들리지 않는 단단한 사람이 될 수 있어요.

우리는 다른 사람과 다른 것을 두려워해요. 유행이 생기면 그것을 따라 하고, 그렇지 못하면 뒤처진 것으로 느끼고 불안해 해요. 다양성보다 획일적인 사회를 살고 있는 거죠. 그런 내면은 단단하다고 할 수 없어요.

남과 다르더라도 자신이 좋아하는 일을 하고, 좋아하는 생활을 하면 남과 다른 집을 지을 수 있어요. 그러기 위해선 나에게 어떤 장점이 있는지 알아야 해요.

책을 살펴보면 커다란 손이 나와요. 그 손은 세상을 바꾸는 절대자의 손이 아니에요. 내면의 집을 지을 때, 두렵거나 움츠러드는 자아도 있지만, 세상과

당당하게 맞서는 자아도 있어요. 그 자아가 커다란 손이에요. 즉, 그 손은 단단한 자신인 거죠.

저희 반에 중학생임에도 다른 아이들이 장난을 치면 싫은 소리를 못 하고 집에 가서 엉엉 울기만 하는 아이가 있어요. 친구들은 그 아이가 장난을 싫어하지 않는다고 생각해서 더 자주 장난을 쳤어요. 담임 선생님인 제게는 말하지 않고 참고 있다가 집에 가서 부모님께 속상한 마음을 이야기했다고 해요. 중학교는 교실에 선생님이 상주하지 않기 때문에 아이가 이야기하지 않으면 모든 일을 알기 힘든 경우가 많아요.

저도 그 이야기를 듣고 안타깝고 속상했는데 그 아이의 부모님은 얼마나 속상하셨을까요. 아이가 울 때마다 전화하셔서 다른 친구들이 장난을 그만 쳤으면 좋겠다고 하셨어요. 그때마다 아이들을 불러서 지도했으나 아직 어린 아이들인지라 아무리 지도해도 며칠이면 또 잊고 장난을 쳤어요. 장난을 친 아이들을 야단치긴 했지만 안타까운 생각이 들었어요. 마음을 조금만 더 단단하게 만들면 좋겠다 싶어 아이와 이야기를 나누어 보았지만, 중학생 때 갑자기 자신의 마음을 단단히 만들려고 하니 쉽지 않았어요.

아이가 어렸을 때 마음의 집을 단단하게 지을 수 있도록 도와줘야 해요. 마음의 집이 단단하게 지어진 아이는 집 밖으로 나서는 일이 두렵지 않을 거예요. 밖에서 두드리고 소리 지르는 무서운 상황이 있다 해도, 밖에 나와서 비와 눈을 맞아도 집이 있기에 단단해요. 아이들이 세찬 바람에 단련되고 또 때로는 따스한 해에 위로받으면서 앞으로 나아가길 바라요. 그 단단한 집으로 사회생활을 할 때도 힘껏 생활할 수 있으면 좋겠어요.

부모와 아이의 인사이트 확장을 위한 TIP

• 한국그림책출판협회에서 운영하는 카페(https://cafe.naver.com/kpp2020/81)에 가입하면 집짓기 활동지를 다운받을 수 있어요. 책의 표지와 함께 다양한 활동이 제시되어 있어서 재미있게 활동할 수 있답니다.

'집짓기' 활동지

• 아이와 함께 '집짓기'와 관련된 대화를 나누어 봐요.

1. 집은 네게 어떤 의미야?

----

2. 네가 집을 짓고 싶은 곳은 어디야?

----

3. 어떤 모양의 집을 짓고 싶어? 그림으로 그려 볼까?

바쁘다, 바빠! 소방관 24시

글, 그림 엠마뉘엘 케시르-르프티, 프랑수아 다니엘·안느 드샹부르시   출판사 푸른숲주니어

책 속으로

우리들의 안전을 책임지는 소방관들에 대한 이야기가 담겨 있다.

온갖 사고 현장으로 출동하는 소방관을 뒤따라가며 소방관이 하는 일을 꼼꼼하게 살피고, 소방관이 받는 훈련이나 소방관이 되기 위해서 무엇이 필요한지 알아본다. 또한 간단한 역사에서 시작해 불이 났을 때 출동하는 다양한 소방차, 화재 진압과 구조를 위한 소방 장비, 이를 관리하는 소방서의 내부, 그리고 각종 재난 현장의 모습까지. '소방'에 대한 모든 정보를 한눈에 들여다볼 수 있다.

시크릿한 책 속 비밀

집이나 건물에 불이 났을 때, 다친 사람이 생겼을 때, 사람이 갑자기 쓰러졌을 때 우리는 먼저 119에 전화해요. 이때 전화를 받고 출동해서 구조하는 사람을 '소방관'이라고 불러요.

남자아이들의 진로를 조사하면 의외로 많이 나오는 직업이 경찰과 소방관이에요. 무엇이든 지피지기면 백전백승이지요. 그 직업에 대해 자세히 알아야 선택할 수 있어요. 그런 면에서 소방관에 관해 상세히 알 수 있는 책이랍니다.

우리는 평소에 정차돼 있는 소방차의 모습을 주로 봐요. 소방서 안에서 어떤 일이 일어나는지, 소방관들이 무슨 일을 하는지 자세하게는 몰라요. 이 책을 보면 소방관들이 하는 수많은 일이 빼곡하게 담겨 있어 상세히 관찰할 수 있어요.

도시 화재, 산림 화재, 교통사고, 긴급 구조, 지진과 홍수 등 다양한 재난 현장에 따라 달라지는 소방관들의 대처 방법과 함께 소방서 안의 모습도 함께 보여 줘요. 겉으로는 평온해 보이는 소방서가 안에서는 얼마나 많은 사람이

바쁘게 움직이고 있는지 그림을 통해 간접적으로 느낄 수 있어요.

　출동하지 않는 시간에도 소방관들이 하는 일은 많아요. 소방 장비 점검, 소방 장비 작동 연습, 체력 단련, 길 찾기 훈련, 산악 구조 훈련, 레펠 훈련, 각종 캠페인, 견학 프로그램, 도심 곳곳의 소방 시설물 관리 등도 한답니다.

　책을 읽다 보면 소방관이 해야 할 일이 많아서 24시간이 모자랄 것 같다는 생각이 들 거예요.

부모와 아이의 인사이트 확장을 위한 TIP

• 학교에서는 많은 안전 훈련을 해요. 그중 소방서에서 소방관들이 직접 와서 하는 소방합동 훈련도 있답니다. 수업 중 대피하라는 방송이 나오면 선생님의 지도하에 질서 정연하게 운동장의 지정된 장소로 대피해야 해요. 이런 훈련을 통해 실제 학교에서 화재 등의 사고가 발생했을 때 안전하고 신속하게 대피하는 것이죠. 이후 소방관들이 직접 소화기로 불을 끄는 시범을 보이거나 각종 화재나 안전 관련 안내를 한답니다.

부가정보 함께 읽으면 좋은 책

소방관과 관련된 다른 책을 함께 읽고 더욱 자세히 알아 봐요.

《똑똑해지는 소방관 놀이 퍼즐》, 알리스 튀르쿠아 그림, 아라미키즈
《천하무적 조선 소방관》, 고승현 글/윤정주 그림, 책읽는 곰
《뉴욕의 소방관》, 안소피 보만 글/뱅자맹 베퀴 그림, 보림
《나는 최고의 소방관!》, 톰마소 부르키에티 글/실비아 바론첼리 그림, 키즈엠
《소방관이 되고 싶어》, 펠리시티 브룩스 글/조 리치필드 그림, 문학동네
《우리 마을 소방관은 맨날 심심해》, 김단비 글/홍원표 그림, 웃는돌고래
《소방관 아저씨의 편지》, 막스 한 글/이름트라우트 텔타우 그림, 한우리북스
《용감한 소방관이 되고 싶니?》, 연두세상 편집부, 연두세상
《나는 소방관!》, 나는북 구성/박민주 그림, 애플비

쌤의 조언 한 마디!

소방관 체험을 하고 싶다면 경기도 국민안전체험관을 추천해요. 체험은 지하 1층에서 이루어져요. 안내데스크에서 예약 확인 후 소방관들이 직접 지도하신답니다.

5-9세는 120분 프로그램으로 가정에서 일어날 수 있는 사고, 교통 안전사고, 야외 안전사고, 소방관 직업 체험 등의 프로그램으로 운영해요.

10세 이상은 100분 프로그램으로 생활 및 산업 안전사고, 교통 안전사고, 사회기반 및 자연 재난 사고, 야외 및 농촌 안전사고 네 가지가 있는데, 한 번 체험할 때 한 가지씩만 가능해요.

이 외에도 VR 체험장, 4D영상관, 기획전시실 등 다양한 관람 거리가 있어요. 이런 체험을 하면서 소방관 분들에게 감사한 마음을 갖는 건 어떨까요?

• 경기도 국민안전체험관 (http://119.gg.go.kr/safe)
   주소   경기 오산시 북삼미로 22
   연락처   031-288-1004
   운영시간 10:00~17:00 (매주 월요일 설날 및 추석연휴 휴무)

내일 또 싸우자

글, 그림 박종진, 조원희   출판사 소원나무   연계 교과 국어 2-2 3. 말의 재미를 찾아서

책 속으로

아침부터 상두와 호두는 게임기로 싸우고 있다.

할아버지는 두 아이들이 서로 때리고 싸우는 모습을 보고 호통을 친다. 할아버지는 싸우느라 서로 말하지 않는 두 사람에게 제대로 싸우라고 한다. 할아버지는 상두와 호두에게 여러 싸움 중에서 고르라고 한다.

첫 번째는 풀싸움이다. 백을 셀 동안 풀 종류를 더 많이 따 오는 사람이 이기는 것이다. 두 번째는 눈싸움, 세 번째는 닭싸움이다. 그런데 닭싸움 중 상두가 자신이 호두보다 더 커서 유리하다고 한다. 이는 정당한 싸움이 아니라는 것이다. 할아버지와 아이들은 공정한 싸움이 무엇인지 생각한다. 이후에도 아이들은 여러 종류의 싸움을 한다. 두 사람은 집으로 돌아가며 내일 또 싸우자고 이야기한다.

시크릿한 책 속 비밀

아이들은 정말 많이 싸워요. 형제, 자매, 남매끼리도 싸우고, 학교에 가면 친구들과도 싸우죠. 싸우는 것은 나쁜 게 아니에요. 어떻게 싸우느냐가 중요하죠. 싸움은 이기려고 다투는 거예요. 하지만 '어떻게 싸우느냐'에 따라 싸움의 종류도 다양하고 결과도 다양해져요.

이 책에서 상두와 호두는 무려 11가지 싸움을 벌여요.

이 싸움을 통해 아이들도 지켜야 할 규칙과 예절이 필요하다는 사실을 깨달아요. 상두는 닭싸움에서 금세 넘어진 호두를 보고는 자신보다 몸집이 작은 호두가 당연히 질 수밖에 없다며, 호두에게 불리한 싸움이었다고 말해요. 싸움 덕분에 상두와 호두는 더욱 끈끈한 우정이 생기죠.

요즘 아이들은 온라인 게임을 많이 해요. 초등 고학년이 되면서부터 게임 문제로 부모와 싸우는 아이들도 많다고 해요. 학교에도 밤새 게임을 하고 낮에는 잠에 취해 일과 시간 내내 조는 아이들도 있어요. 물론 게임도 싸움이에요. 그러나 이렇게 하는 게임은 건강한 싸움이 아니에요. 상두와 호두처럼 정정당당한 규칙을 세우고 예절을 갖추는 게 건강한 싸움이에요.

　　살면서 싸움은 피할 수 없어요. 오히려 싸움을 잘하면 한층 더 성장하는 기회로 삼을 수 있어요. 그러기 위해서는 제대로 싸우는 방법을 알아야겠죠?

　　사회생활을 하면 많은 사람을 만나요. 그때마다 서로 정당하고 건강하게 싸워야 건강한 사회생활을 할 수 있답니다.

　　이 책을 통해 어떻게 싸워야 하는지 생각하는 기회를 마련해 봐요.

부모와 아이의 인사이트 확장을 위한 TIP

• 책에 나오는 싸움을 직접 해 봐요.

① 풀싸움
여러 가지 풀을 많이 뜯는 싸움. 지금 당장 밖으로 나가 보자.

② 눈싸움
눈을 깜빡이지 않고 오래 견디는 싸움. 서로 웃긴 표정을 지어 상대방을 웃게 만들면 재미있게 할 수 있다.

③ 닭싸움
외다리로 뛰면서 상대를 밀어 넘어트리는 싸움. 놀이방 매트 위나 이불 위에서 사뿐사뿐 뛰어 보자.

④ 머리싸움
머리를 써서 겨루는 싸움. 서로 마주보고 손바닥을 마주쳐서 상대의 균형을 잃게 만드는 싸움도 좋다.

⑤ 꽃싸움
꽃줄기를 맞걸어 당겨 상대의 줄기를 끊는 싸움. 꽃뿐 아니라 주변의 여러 풀을 서로 맞걸어 줄기를 끊어도 재미있다.

⑥ 연싸움

연실을 마주 걸어 상대의 연실을 끊는 싸움. 연싸움이 힘들다면 집 밖
으로 나가서 솔가지를 서로 맞걸어 잡아당겨서 끊는 싸움도 소소하게
하기 좋다.

⑦ 물싸움

물을 상대에게 끼얹어 물러나게 하는 싸움. 물싸움이 어렵다면 작은 물
총으로 물총싸움도 좋다.

맡겨 주세요 ★한국어린이교육문화연구원 으뜸책 선정

글, 그림 히카쓰 도모미 출판사 봄개울 연계 교과 가을 2-2 1. 동네 한 바퀴

책 속으로

반려견 페로는 엄마와 산다. 자신을 잘 돌봐주는 엄마가 너무 좋다.

엄마가 산책 때 멈춰 서는 곳이 있다. 액세서리 가게다. 페로는 그 가게 진열장에 놓인 목걸이를 보고 감탄하는 엄마를 본다. 그때부터 페로는 어떻게 하면 엄마에게 목걸이를 선물할 수 있을지 고민한다. 마침내 페로는 목걸이를 살 돈을 벌기 위해 일을 찾아 나선다.

정형외과 안마사, 우체국에서 우표 붙이기, 서커스 단원, 레스토랑 웨이터, 경찰견까지…. 페로는 여러 가지 일에 도전하지만 생각처럼 쉽지 않아 실수투성이였다. 페로는 울면서 슬퍼한다. 하지만 한숨 자고 일어난 페로는 다시마를 말리는 아주머니에게 가서 다시 "맡겨 주세요"라고 말한다.

페로의 사연을 들은 아주머니는 목걸이를 사는 대신 조개껍데기를 모아 목걸이를 만들자고 제안하고 페로는 조개 목걸이와 다시마를 들고 집에 돌아간다.

시크릿한 책 속 비밀

페로는 반려견이기도 하지만 어떻게 보면 우리 아이들의 모습이기도 해요. 그런 페로가 엄마를 위해 혼자 힘으로 일을 찾아 나서는 모습은 참 기특하죠. 그래서인지 자신에게 맞는 직업을 찾을 때마다 함께 격려하고 응원하는 마음을 갖게 돼요.

어른들은 잘 알아요. 직업이라는 것이, 먹고 산다는 것이 결코 녹록치 않음을. 어떤 일이든 그 일을 실제로 해 보기 전에는 어려움을 알 수 없어요. 또 일하고 싶지만 어떤 곳은 자리가 없고, 어떤 곳은 자신의 의지만큼 잘 안 될 수도 있어요. 어떤 곳은 자신의 역량에 적합하지 않을 수도 있고요.

책 속의 여러 사건은 페로가 개이기 때문에 겪는 일이 아니에요. 누구나 겪

을 수 있는 일이랍니다. 사람들도 생계를 위해 일하는 현장의 모습은 늘 치열하고 실수와 안타까움의 연속이에요. 단순히 페로의 직업 여행뿐 아니라 그 여행을 통해 일하는 사람들의 힘듦과 피곤까지 엿볼 수 있어요.

얼마 전, TV에서 본 박카스 광고가 무척 인상적이었어요. 딸이 학교에 가기 싫어하면서 침대에서 일어나지 않았어요. 그 딸에게 엄마가 말해요.

"가야지, 네가 선생님인데."

아이들에게 학교에 와야 한다고 하는 선생님조차 학교에 가기 싫었던 거예요. 누구에게나 직장 생활은 힘들고 어렵다는 뜻이겠죠.

이 책은 직업의 세계를 완전히 보여 주지는 않지만 일이라는 게 늘 즐겁지만은 않음을 페로의 실패담을 통해 이야기해요. 그래도 결코 포기하지 않고 꾸준히 노력하면 원하는 결과와 똑같지는 않더라도 비슷하게 이룰 수 있다는 것도요.

부모와 아이의 인사이트 확장을 위한 TIP

• 책을 읽은 후 다음과 같은 질문을 하며 아이와 대화를 나누어 보아요.

1. 페로는 목걸이를 사기 위해 몇 가지의 직업을 경험했어?

---

2. 정말 많은 직업을 경험했지. 그 직업들이 페로에게 맞는 것 같아?

---

3. 여러 직업을 가지면서도 페로는 결국 엄마에게 목걸이를 선물했구나. 처음 사려고 했던 목걸이는 아니었지만, 엄마는 무척 감동했을 것 같아. 네가 엄마였다면 페로에게 뭐라고 이야기해 주고 싶어?

꿈을 꼭 가져야 하나요

글, 그림 어린이철학교육연구소, 권오준, 박지연, 이윤희   출판사 한림출판사   연계 교과 국어

책 속으로

이 책에는 네 가지 에피소드가 나온다.

첫 번째 에피소드는 '꿈을 가져야 하나요?'이다. 창문에 있던 유리가 깨진다. 깨진 유리는 쓸모없는 물건으로 여겨져 쓰레기통에 버려진다. 그러나 유리는 다시 멋진 유리병으로 태어나 꿈을 이룬다.

두 번째 에피소드는 '꿈을 바꾸어도 될까요?'이다. 여성 비행사였던 아멜리아 에어하트의 이야기이다. 아멜리아의 꿈은 의사였지만 비행기 쇼를 보고 비행사로 꿈을 바꾸고 최초의 여성 비행사가 된다.

세 번째 에피소드는 '남들이 부러워하는 꿈을 가져야 할까요?'이다. 숲속의 멋진 동물 뽑기 대회가 열렸지만 하마는 남들의 장점이 부러워 모습이 변하는 마술의 힘을 빌린다.

네 번째 에피소드는 '꿈을 이루는 방법이 같을까요?'이다. 앞을 볼 수 없는 형과 형 대신 세상을 보고 이야기해 주는 동생이 있다. 형은 동생이 들려주는 이야기를 듣고 소설가가 되었고, 동생은 형 대신 세상을 둘러보고 기록하는 여행가가 되었다.

시크릿한 책 속 비밀

꿈이란 무엇일까요? 꿈을 꼭 가져야 하는 걸까요? 꿈은 바꾸면 안 될까요? 내가 좋아하는 꿈과 남이 부러워하는 꿈 중 어떤 꿈을 꾸어야 할까요? 꿈과 관련해서 궁금한 것도, 이야기할 것도 많아요.

학교생활기록부에 진로를 기록해요. 중학교 1학년 아이들의 학교생활기록부에는 초등학교 때 기록이 남아 있지 않답니다. 마찬가지로 고등학교 1학년 아이들의 학교생활기록부도 중학교 때 기록이 남아 있지 않고요.

그런데 한때는 고등학교 때까지 이관해서 그동안 아이의 진로를 보겠다고 한 적이 있어요. 학부모들은 난리가 났죠. 만약 쭉 장래 희망이 A였다가 고등학교 2학년 때 B로 바뀌면 대입에서 큰 문제가 발생할 것 같은 분위기였거든요. 그래서 장래 희망을 최대한 두루뭉술하게 써서 나중에 좀 구체화되더라도 타격을 적게 하는 게 입시 전략으로 등장하기도 했어요.

과연 진로가 달라지는 게 그렇게 큰일인 걸까요?

저는 그렇지 않다고 생각해요. 성인도 자신의 직업에 완벽하게 만족하지 못할 수도 있고, 지금 일이 적성에 맞지 않아 다른 일을 찾을 수도 있어요. 자신이 하는 일에 100% 만족하는 사람은 없어요. 그래서 일하면서도 꾸준히 자신이 정말로 원하는 것이 무엇인지 찾고 그것을 알기 위해 노력해요.

어른도 그런데 하물며 아이들은 더 그렇지 않을까요. 어렸을 때부터 꾸준히 자신이 좋아하는 것이 무엇인지, 무엇을 중요하게 생각하는지, 꿈을 위해 무엇을 해야 하는지 등을 생각하고 답을 찾아야 해요.

그 답은 아이 혼자서 찾을 수 없어요. 부모와 아이가 끊임없이 대화를 나누고, 궁금한 것은 질문하고, 많이 생각해야 해요.

각 에피소드가 끝나고 만화와 함께 여러 가지 꿈과 관련된 질문들이 나와요. 아이와 그 이야기들을 함께 나누면 아이의 꿈을 찾는 데 도움이 될 거예요.

부모와 아이의 인사이트 확장을 위한 TIP

- 다음 표는 통계청에서 제시한 사회조사예요. 사회조사는 사회의 전반적인 내용을 10개 부문으로 나누어 매년 5개 부문에 대해 2년 주기로 조사하는데 교육과 훈련은 짝수 해에 조사한 답이에요. 이 조사 결과를 살펴보면 우리 사회의 직업에 관한 인식을 살펴볼 수 있어요.

  청소년이 고민하는 문제는 연령대별로 다른데, 13-18세의 경우 1위가 공부(45.5%), 2위가 외모(12.5%), 3위가 직업(12.2%)으로, 19-24세의 경우 1위가 직업(40.3%), 2위가 성적(16.9%), 3위가 신체적·정신적 건강(9.4%)으로 나타났어요. 직업을 선택해야 하는 연령대뿐 아니라 그 이하의 연령대에도 꾸준히 진로에 대한 고민은 이어지고 있다는 뜻이겠지요.

  설문조사 결과를 바탕으로 미래에 어떤 직업을 가져야 할 것인지, 직업을 가졌을 때 어떤 가치를 가져야 하는지 등을 생각하는 기회로 삼아 봐요.

<청소년이 고민하는 문제>

단위: %

	계	고민 없음	외모	신체적 정신적 건강	가정 환경	가계 경제 어려움	용돈 부족	공부 (적성, 성적)	직업	친구 (우정)	연애 상 대와의 관계★	기타
						청소년이 고민하는 문제						
2018	100.0	6.4	10.9	5.4	1.7	4.8	4.9	29.6	30.2	2.5	1.8	1.8
2020	100.0	8.5	10.2	8.2	1.9	4.4	4.5	29.7	28.1	1.9	0.7	1.9
남자	100.0	10.7	8.6	8.7	1.8	4.0	5.1	29.8	26.7	1.1	0.7	2.6
여자	100.0	6.3	11.7	7.7	1.9	4.8	3.8	29.6	29.5	2.7	0.7	1.3
13-18세	100.0	8.4	12.5	6.6	1.6	2.0	4.6	45.5	12.2	3.2	0.1	2.5
19-24세	100.0	8.5	8.4	9.4	2.1	6.3	4.4	16.9	40.3	1.0	1.2	1.5

자료: 통계청, 「사회조사」

★ 2020년부터 '이성교제' → '연애 상대와의 관계'로 명칭 변경

- 아이들이 직업을 선택할 때 가장 중요하게 생각하는 요인은 수입(34.3%), 안정성(16.6%), 적성·흥미(31.3%) 등의 순이에요. 전 연령대의 응답 비율이 비슷하다는 건 다들 생각이 비슷하다는 뜻이겠죠. 아이들도 그렇다는 건 아이가 직업을 선택할 때 수입과 안정성 등을 고려하지 않을 수 없다는 뜻일 거예요.

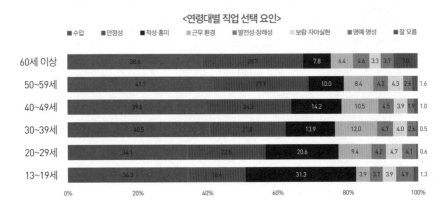

<연령대별 직업 선택 요인>

• 이 표도 주목할 만해요. 아이들이 선호하는 직장에 대해 알 수 있거든요.
연도별로 조금씩 차이가 있으나 대체적으로 국가기관, 공기업, 대기업이
가장 선호하는 직장으로 나타나요.

<청(소)년이 선호하는 직장(13~34세)>

단위: %

	계	국가기관	공기업(공사공단)	대기업	중소기업	벤처기업	외국계기업	전문직기업	해외취업	자영업(창업)	기타
2019	100.0	22.8	21.7	17.4	5.0	2.1	6.9	6.8	4.3	11.9	1.1
2021	100.0	21.0	21.5	21.6	4.4	2.4	4.7	6.8	2.5	13.5	1.5
연령별 100.0	100.0	22.9	13.3	28.5	3.7	2.8	4.7	9.6	2.5	9.0	2.9
100.0	100.0	19.8	23.1	22.1	4.8	2.4	4.4	7.8	2.7	11.8	1.3
100.0	100.0	21.8	23.3	18.5	4.4	2.5	4.2	5.5	2.4	16.1	1.4
100.0	100.0	19.8	24.8	18.9	4.7	1.8	5.7	4.9	2.3	16.2	0.8

아홉 살 진로 멘토

글, 그림 최수복, 배현정   출판사 북멘토   연계 교과 국어 2-2 1. 장면을 떠올리며

책 속으로

이 책은 삶을 독특한 무늬로 살아 낸 인물의 이야기를 각 주제에 맞춰서 그들이 꿈과 희망을 위해 어떤 노력을 했는지 살펴본다.

첫째, 앙리 파브르는 끈기를 갖고 자신이 좋아하는 곤충을 오랜 시간 관찰하고 연구했다.

둘째, '바보 의사'라고 불린 장기려는 주위의 어려운 이웃들에게 관심을 갖고 그들을 위하는 따뜻한 마음을 갖고 있었다.

셋째, 가브리엘 샤넬은 멋보다 활동성이 중요한 옷을 만드는 등 고정관념을 깨기 위해 노력했다.

넷째, 마리아 몬테소리는 의사였으나 열악한 상황의 아이들을 돕기 위해 교육자가 된다.

다섯째, 유일한은 기업의 첫 번째 목표는 이윤이지만, 이윤은 성실한 활동의 대가로 이루어져야 한다는 신념으로 유한양행을 세웠다.

여섯째, 오드리 햅번은 자신이 원하던 발레리나라는 꿈이 큰 키로 인해 좌절되었으나 포기하지 않고 배우의 길로 들어선다. 그 뒤 아프리카의 소외된 계층을 위해 자신의 사랑을 나눠 준다.

일곱째, 정직한 광고를 위해 노력해야 한다는 신념을 갖고 있던 데이비드 오길비는 '광고의 아버지'라 불리는 세계적인 카피라이터이다.

시크릿한 책 속 비밀

아이들은 되고 싶은 것도, 하고 싶은 것도 많아요. 그 꿈들은 금방금방 바뀌고요. 꿈을 결정하기 위해 어떤 인물을 만나느냐는 참 중요해요. 이 시기에 만난 인물이 인생을 바꾸기도 하죠.

이 책은 아이들이 선호하는 각 분야를 대표하는 인물들의 이야기를 다루고 있어요. 마치 직업 동화와 위인전이 함께 묶여 있는 책 같이 느껴져요.

요즘에는 거의 모든 학교에 진로 진학 교사가 배치되어 있어요. 좀 더 전문적으로 학생들에게 진로 진학을 가이드하기 위해서예요. 아이들의 진로 진학이 중요하다는 인식이 확산된 덕분이죠. 그럼에도 많은 중·고등학생이 자신의 진로를 결정하지 못하고, 진로에 대해 막연하게 생각하며 학교에 다니는 경우가 많아요.

살아가면서 삶의 가치를 어디에 둘 것인지는 무척 중요해요. 그래야 삶의 방향을 잡고 살아갈 수 있기 때문이죠.

책에 제시된 이들은 각각 과학자, 의사, 디자이너, 교육자, 기업가, 연예인, 카피라이터를 대표하는 인물이에요. 이들의 꿈을 향한 도전과 좌절, 성공 일화를 통해 장래 희망을 위해 필요한 능력, 직업인으로서 지녀야 할 윤리의식 등을 알아볼 수 있어요.

각 인물의 이야기가 끝날 때마다 위인들을 자세히 소개해요. 또한 각 장이 끝날 때마다 '허은영 선생님이 들려주는 다양한 직업의 세계'에서는 인물들의 직업과 그와 관련된 직업군을 소개하고, 그 직업을 이루기 위해 구체적으로 어떤 방법이 있는지 자세히 알려 줘요.

아이와 함께 직업에 대한 많은 이야기를 나누면서 꿈에 대해 구체적으로 생각할 시간을 갖길 바라요. 초등 저학년 때부터 어떤 가치를 가지고 살아가야 할지 방향을 잡으면 삶의 중심을 잡을 수 있을 거예요.

부모와 아이의 인사이트 확장을 위한 TIP

<나의 미래 계획 만들기>

나의 10대는 어떨까? 구체적으로 생각해 볼까?
10~11세:
12~13세:
14~16세:
17~19세:

나의 20, 30대는 어떨까?
구체적으로 생각해 볼까?

대학은 어느 학교, 무슨 과로 가고 싶어?

취직은 언제쯤 할까?

결혼은 언제쯤 할까?

나는 커서 어떤 일을 할까? ★2022 독일 EMYS 논픽션상

글, 그림 미케 샤이어   출판사 주니어RHK   연계 교과 국어 2-1 8. 상상의 날개를 펴요.

책 속으로

아침 시간, 바쁜 사람들의 모습을 보여 준다. 그들을 따라가며 모습을 살 핀다.

페이지마다 아침에는 왜 이렇게 바쁜지, 이 많은 사람들은 어디에 가는지, 거기 가면 어떤 일들이 일어나는지에 대해 질문하고 답을 찾는다. 또 직장이 무엇인지, 우리는 언제부터 일을 했는지, 사무실에서는 어떤 일을 하는지, 만일 일이 즐겁지 않으면 어떻게 하는지, 일은 어른들만 하는지, 우리가 사용하고 있는 물건들은 누가 어디에서 만든 건지에 대해서도 묻고 답을 찾는다.

그렇다면 일이 없어질 수도 있을까?

목차에 15가지 질문이 나오고 다양한 이들의 모습을 보여 주며 아이가 스스 로 답을 찾게 한다.

여성, 남성, 장애인, 노인 등 누구나 일할 수 있고, 어떤 아이들은 일을 하느 라 학교에 가지 못하고 있다는 현실도 알려 준다. 이 모든 내용이 그림과 함께 제시되어 있어 쉽게 내용을 이해할 수 있다.

시크릿한 책 속 비밀

어른들도 대답하기 어려운, 일과 직업에 대한 아이들의 15가지 질문에 스스 로 답을 찾는 책이에요. 직업과 일은 같은 것일까요? 책 속 질문을 따라가다 보면 일과 작업에 대한 나만의 기준과 방향을 찾을 수 있어요.

진로 교육에서 제일 중요한 건 아이들이 커서 어떤 일을 선택하면 좋을지 스스로 깨닫도록 돕는 거예요.

이 책은 아침이 되면 바쁘게 움직이는 엄마 아빠의 모습, 거리에 나온 사람 들이 분주하게 발걸음을 옮기는 모습을 통해 '일하러 간다'는 말의 의미가 무엇인지 생각하는 것에서부터 이야기를 시작해요. 책을 읽다 보면 아이들에게 일과 직업의 의미를 알고, 직업을 선택할 때 어떤 가치를 우선해야 하는지를 깨달을 수 있어요. 이를 통해 모든 일에는 저마다의 가치가 있다는 것을 일깨워 줄 거예요. 그뿐 아니라 일을 함에 있어서 성역할에 관한 고정관념을 깨 준다는 점도 책의 장점이에요. 누구나 성별에 상관없이 자신이 원하는 일을 할 수 있다는 메시지를 주죠.

이 책의 구성은 독특해요. 큰 판형에 짧고 간결한 글, 한 페이지의 대부분을 그림이 차지해요. 그래서 책을 부담 없이 볼 수 있어요. 책 곳곳에 숨어 있는 그림의 의미를 하나씩 짚어 보세요. 첫 페이지에 나왔던 사람들이 다음 페이지에서 또 나온답니다. 그 사람들이 페이지마다 어떤 일을 하고 있는지 찾아보는 것도 책을 재미있게 읽을 수 있는 팁이에요.

부모와 아이의 인사이트 확장을 위한 TIP

• 이 책이 나온 출판사에서 제공하는 독후활동지예요. 아래 큐알코드로 접속해 다운로드 후 프린트해서 사용하세요.

'나는 커서 어떤 일을 할까' 독후활동지

부가정보 함께 읽으면 좋은 책

《어른들은 하루종일 어떤 일을 할까?》, 비르지니 모르간 글·그림, 주니어RHK
14군데 일터에 모인 어른들의 하루, 110여 가지 직업의 세계에 관한 책

《과학자들은 하루종일 어떤 일을 할까?》, 제인 윌셔 글/매기 리 그림, 주니어RHK
14군데 일터 속 110여 과학자들의 직업을 탐색하는 직업 그림책

쌤의 조언 한 마디!

매년 학생들의 진로를 묻고, 그것을 학교생활기록부에 기록해요.
올해도 우리 반 아이들에게 진로를 물었지요. 그런데 그중 2/3가 무얼 하고
싶은지 모르겠다고 하더라고요. 상황이 이렇다 보니 생각했던 것보다 상담
시간이 길어졌어요. 그럼에도 대부분은 진로를 결정하지 못했고, 그중 몇 명
은 대략이나마 하고 싶은 일을 표현했어요.
그런데 "그 직업은 왜 하고 싶은 거야?"라고 아이들에게 물었더니 대부분
"엄마가(아빠가) 이 일을 하시거든요."라고 대답했어요. 그다음으로 많이 하
고 싶다고 이야기한 직업은 선생님이었고요.
다른 직업도 많은데 왜 그 직업을 생각하냐고 물었더니 자신이 아는 직업이
없고, 그나마 많이 보고 들은 것이 엄마나 아빠가 하는 일이고, 그다음으로
많이 보는 사람이 선생님이기 때문이라고 이야기하더군요.
아이들과 상담할 때마다 느끼는 점은 '아는 만큼 자란다'예요. 진로를 위해
서 다양한 체험을 하고, 대화를 많이 나누어야 해요.
가정에서 진로와 관련된 책을 읽고 아이들과 진지하게 이야기를 나누는 시
간을 많이 가지면 좋겠어요. 그렇게 가정에서부터 진로에 대해 고민하고, 학
교에서 친구들과 꿈에 대한 이야기를 나누면서 꿈과 진로의 폭을 넓히기를
바라요. 그러면 중학교에서 고등학교에 진학할 때, 고등학교에서 대학에 진
학할 때 자신의 꿈과 신념에 따라 진로를 결정할 수 있을 거예요.

현직 교사가 내 아이에게
몰래 읽히고 싶은

진로도서 50
――중학년

꼴찌라도 괜찮아!

글, 그림 유계영, 김중석   출판사 휴이넘   연계 교과 국어 3-2 6. 마음을 담아 글을 써요.

책 속으로

> 운동회가 다가오자 친구들은 박 터트리기 연습을 한다. 하지만 기찬이는 운동회가 재미없다. 운동에 자신이 없기 때문이다.
>
> 그런 기찬이가 제비뽑기로 이어달리기 주자로 선정된다. 함께 뛰는 이호는 나만 믿으라며 거드름을 피운다. 아이들은 쉬는 시간마다 자신이 뽑은 종목을 연습한다. 기찬이는 이호 앞에만 서면 얼굴이 굳는 것 같다.
>
> 그런데 운동회 날 자신만 믿으라던 이호가 배탈이 난다. 이어달리기에서 기찬이 다음은 이호다. 그런데 이호가 화장실에 가는 바람에 기찬이 다음 차례에는 아무도 없다.
>
> 백군 마지막 선수와 청군 세 번째인 기찬이가 함께 뛴다. 아이들은 청군이 이기는 줄 알고 기찬이를 응원한다. 그런데 기찬이가 한 바퀴를 더 도는 모습을 보고 친구들은 어리둥절해한다. 친구들은 곧 상황을 파악한다. 이호가 화장실에서 돌아오자 기찬이는 이호에게 바통을 넘긴다. 기찬이와 친구들 모두 웃으며 운동장을 달린다.

시크릿한 책 속 비밀

> 아이들이 학교에 다니면서 배워야 할 것은 학업적 성취만 있는 게 아니에요. 우리가 세상을 살아가기 위해서는 학업 외에 반드시 필요한 가치들이 있어요. 성실, 배려, 용기 같은 것들이지요. 어려움을 헤쳐 나가는 것은 마음의 힘에 달려 있어요.
>
> 중·고등학교 때는 시험이 있어요. 학생마다 잘하는 게 다르고, 개성을 존중하기 위해 과목별 등수나 전 과목 등수를 산출하는 것을 지양하죠. 그래도 아이들끼리는 서로 성적을 비교하고 등수를 가늠해요.

저희 반에 꼭 1등을 해야 하는 아이가 있었어요. 그런데 그 아이가 첫 시험에서 1등을 하지 못한 거예요. 간발의 차이로 2등을 했어요. (물론, 본인들끼리 비교한 성적으로 등수를 냈기에 정확한 등수는 알 수 없어요.)

그 아이는 다음 시험에서 꼭 1등을 하겠다고 결심했어요. 그런데 1등이라는 숫자에 집착한 아이는 1등 한 친구보다 더 공부를 많이 하는 것을 목표로 삼았어요. 그 아이와 자신을 비교하며 스트레스 받는 모습을 보면서 안타까웠어요. 정작 1등 했던 아이는 등수에 신경 쓰지 않았거든요. 조종례 시간에 불러 스트레스 받지 않도록 여러 이야기를 해 주었어요. 그 아이는 집중력도, 학업 능력도 우수한 아이였기에 다음 시험에서 1등을 했답니다.

진짜 문제는 그다음이었어요. 1등을 하고 나니 공부의 목표를 잃어버린 거예요. 게다가 다음 시험에서도 1등을 하지 못할까 봐 전보다 더 전전긍긍했어요. 지금도 충분히 잘하고 있는데 마음만 급해져 진짜 공부를 해야 하는 고등학생이 되었을 때, 공부에 지치면 어쩌나 걱정되었어요. 아이를 다시 불러서 꾸준히 공부하면 된다고, 지금 누군가와 비교해 가며 무작정 달리면 고등학교 때까지 장기적으로 달리기 힘들다고, 1등을 목표로 하기보다 전체 로드맵을 세우고 그에 맞추는 것이 좋겠다고 조언해 주었어요.

세상엔 1등보다 더 중요한 가치들이 있어요. 자신감을 가지면 힘들다고 생각했던 일도 해낼 수 있어요. 꼭 그 일을 잘해야만 자신감이 생기는 것은 아니에요. 최선을 다하려는 마음이 있고, 옆에서 격려해 주는 사람이 있으면 자신감은 절로 생겨요.

아이는 성장하면서 때론 좌절하고 실망하는 일도 생길 거예요. 마음을 단단하게 만들어 주는 책을 읽으며 1등이 아니더라도 스스로 어려움을 헤쳐 나가면 더 큰 가치를 깨달을 수 있음을 아이에게 알려 줘야 해요. 내면의 힘을 가진 아이가 중·고등학생이 되어서도 중심을 잡고 공부를 잘할 수 있답니다.

부모와 아이의 인사이트 확장을 위한 TIP

• 내가 잘하는 것, 잘하지 못하는 것을 스스로 생각하며 적어 봐요.

내가 잘하는 건 뭐야?

내가 잘하지 못하는 건 뭐야?

쌤의 조언 한 마디!

기찬이는 달리기에 자신 없었지만 끝까지 최선을 다해 달렸어. 네가 기찬이라면 어떻게 했을 것 같아?
1등이 중요한 건 아니지? 기찬이처럼 1등이 아니어도 뭐든 열심히 하는 ○○가 되면 좋겠어.

그땐 나도 우주를 헤엄칠 거야

글, 그림 이혜용, 김진화   출판사 푸른책들   연계 교과 국어 3-2 7. 감동을 느껴 보아요.

책 속으로

〈시 읽는 가족〉 시리즈의 열일곱 번째 책으로, 제1부 깜깜한 밤 전봇대도 외로울까?, 제2부 우리가 봄을 느낄 때, 제3부 바람아, 그만 화 풀어, 제4부 내 동생 눈물은 동그래 등 총 4부로 이루어진 시집이다.

밤새 이야기할 친구가 없이 혼자 서 있을 전봇대를 걱정하는 내용을 담은 〈깜깜한 밤, 전봇대도 외로울까〉, 형과 싸웠다가 다시 목욕탕에서 화해하는 내용을 담은 〈형과 목욕탕 다녀오기〉, 받아쓰기 할 때 아이들의 초조함을 담은 〈받아쓰기 시간에〉, 통 안에 갇혀 있는 고등어가 우주를 여행하는 꿈을 담은 〈통조림 고등어의 꿈〉, 꽃이 아무리 예뻐도 할머니 산소 곁에 있는 할미꽃을 꺾지 못하는 마음을 담은 〈꺾을 수 없는 꽃〉 등 아이가 자라면서 겪는 소소한 일상들을 아이의 시각으로 바라보고 노래한다.

이런 일상을 담은 시를 읽으면 비슷한 자신의 경험을 떠올릴 수 있다. 시는 삶과 멀리 있지 않고 일상이 시가 될 수 있음을 깨달을 수 있다. 소소한 소재도 시가 된다는 것이 신기하게 느껴지고, 일상의 이야기를 다루어 더욱 공감된다.

시크릿한 책 속 비밀

동시 읽는 아이가 똑똑합니다. 동시는 짧은 글 속에 많은 것을 함축해서 담아요. 짧은 글 속에 산문 글보다 훨씬 많은 내용이 함축되어 있는 거죠. 행간에 숨은 의미를 읽기 위해서는 문해력이 필요해요. 시를 읽는 것은 결코 쉬운 일이 아니랍니다.

초등 중학년이 되면 동시를 읽어야 해요. 그래야 그 이후 이어질 시를 익숙하게 읽을 수 있거든요.

중학생들과 시 수업을 하면서 느끼는 것은 중학생이 되어도 아직 시를 잘 읽을 줄 모른다는 거예요. 중·고등학교에서 배우는 시들은 가르치는 목적이 비교적 명확해요. 그래서 중·고등학교 아이들은 시를 즐겁게 익히기보다는 숙제나 공부쯤으로 느껴요.

처음부터 시를 공부처럼 접하면 흥미를 잃어요. 아직 감성이 말랑한 초등학생 때, 따뜻하고 재미있는 시들을 보며 즐겁게 느껴야 중·고등학생이 되어서도 시를 재미없는 것으로 받아들이지 않을 거예요.

동시를 짓거나 꾸준히 읽으면 아이들의 감성, 인성, 지성 등에 좋은 영향을 미쳐요. 아이는 아이다운 감정을 키워야 해요. 그러기 위해 많은 동시를 읽는 걸 추천합니다.

부모와 아이의 인사이트 확장을 위한 TIP

• 아이와 함께 동시를 써 봐요.
  동시를 쓰는 것은 어렵지 않아요. 그렇다고 아무렇게나 써서도 안 되죠.
  동시를 쓸 때는 다음 몇 가지만 생각해요.

  첫째, 글감은 아이 주변의 무엇이나 가능해요.
  둘째, 솔직하게 써야 해요.
  셋째, 리듬이 드러나게 써요. 그렇게 하려면 같은 말을 반복하거나 글자
  수를 반복하면 돼요.
  넷째, 알맞은 비유와 몸의 오감(시각, 미각, 후각, 촉각, 청각의 다섯 가지 감각인
  데, 이런 감각을 활용하면 감각적 표현이라고 해요)에서 느끼는 것을 표현해요.
  다섯째, 쉽고 간결하게 써요.
  여섯째, 연과 행을 구분해요.

  이렇게 여섯 가지를 기억하고 아이와 함께 우측에 동시를 써 봅니다.
  동시를 쓰고 나서 어울리는 그림도 그려 주면 하나의 예쁜 작품이 탄생할
  거예요.

잘못 뽑은 반장

글, 그림 이은재, 서영경   출판사 주니어김영사   연계 교과 국어 5-1 10. 주인공이 되어

책 속으로

4학년 5반 이로운의 별명은 '해로운'일 정도로 집에서도, 학교에서도 말썽 꾸러기인 아이다.

2학기 반장 선거를 앞두고 교실이 술렁거린다. 로운이는 자신을 무시하는 선생님과 아이들 그리고 대광이와의 내기로 반장 선거에 나갔다가 얼떨결에 반장이 된다. 그러나 그동안 말썽을 부리던 로운이인지라 아이들은 반장의 말을 듣지 않는다. 설상가상 로운이도 자신이 내세운 공약을 지키지 않는다.

그러던 로운이는 누나 반 반장의 이야기를 듣고 조금씩 바뀐다. 선생님이 달라진 로운이의 모습을 칭찬하자 로운이는 왠지 기분이 좋다.

어느 날 로운이는 태람이 일당이 백희와 반 친구들을 괴롭히는 걸 발견하고 용기를 낸다. 이 일로 로운이는 반 친구들과 관계가 좋아진다. 그래도 1학기 때 반장이었던 제하와는 여전히 사이가 좋지 않다. 어느 날 로운이와 제하는 몸싸움을 크게 한다. 그날 이후 제하는 학교에 오지 않는다. 로운이가 제하의 집에 찾아가 대화를 나누고 두 사람은 화해한다.

학교에서 가족들이 모두 초대된 한마당 잔치가 시작된다. 로운이는 박치인 자신 대신 제하에게 지휘를 하라고 하지만 인사만큼은 반장이 해야 한다며 제하는 로운이를 앞세운다.

시크릿한 책 속 비밀

이 책의 주인공은 평균치에도 미치지 못하는 아이예요. 남보다 어리숙하고 부족한 구석도 많죠. 아이들도 자신이 어딘가 부족한 부분이 있다고 생각해요. 그래서 완벽하지 않은 인물에 쉽게 공감하죠. 잘나고 대단한 능력까지 갖춘 캐릭터는 부러움과 경외의 대상은 되지만 쉽게 공감되지는 않거든요.

아이들은 주인공 로운이가 고군분투하며 힘겹게 제자리를 찾아가는 모습에 감정 이입해요. 못난 줄 알았던 주인공이 결국 자신은 못난 사람이 아니었음을 알게 돼요. 아이들 역시 로운이의 모습을 통해 자신이 못난 사람이 아니라는 걸 깨달아요.

  학급을 운영할 때, 담임 선생님과 반장의 궁합이 아주 중요해요. 특히 중·고등학교는 담임 선생님이 교실에 상주하지 않기 때문에 반장의 역할은 더욱 중요하답니다. 반장은 각 교과 선생님과 담임 선생님의 전달 사항, 학급 아이들의 의견을 모으고 전달해서 조율하는 역할 등을 하기 때문이죠.

  초등학교는 담임 선생님이 상주해 있어 중·고등학교만큼은 아니지만 반장이 학급 운영에서 중요한 존재임에는 틀림없어요. 그런데 말썽꾸러기 이로운이 반장이 되었다니 아마 담임 선생님이 더 놀라지 않았을까 싶어요. 다행히 조금씩 변해 가는 로운이의 모습은 이 글을 읽는 아이들과 담임 선생님의 마음을 흐뭇하게 해요. 변화하는 로운이의 모습을 통해 리더의 역할과 덕목에 대해 생각할 수 있을 거예요.

  모든 사람은 자신만의 가치를 갖고 있어요. 숨어 있는 자신의 가치를 찾아야 해요. 이름처럼 진정으로 '이로운' 아이가 되어 가는 주인공의 모습을 통해, 필요한 사람이 되는 기쁨을 느낄 수 있을 거예요.

부모와 아이의 인사이트 확장을 위한 TIP

- 이 책을 쓴 이은재 작가는 전교 회장, 반장과 관련된 다른 책도 많이 썼어요. 함께 읽으며 리더의 자질이 무엇인지 아이와 함께 나누어 봐요.

<잘못 시리즈>, 이은재, 주니어김영사
《또 잘못 뽑은 반장》
소심하고 조용하고 주눅 들어 자신감 없는 공수린이 반장으로 뽑히면서 겪는 이야기
《잘못 걸린 짝》
부유하지만 이기적인 훈남 도령이가 불우한 가정형편 때문에 왕따가 된 순백이와 짝이 되면서 벌어지는 이야기
《잘못 걸린 선생님》
새 학년 새 학기에 처음 만난 선생님과 반 아이들 사이에 벌어지는 갈등과 화해를 다룬 이야기
《잘못 뽑은 전교 회장》
엉터리 공약으로 전교 회장이 된 금동기가 올바른 책임감과 자신감을 알아 가는 이야기
《참 잘 뽑은 반장》
매년 반장을 맡아 오던 모범생 재광이의 이야기를 통해 좋은 반장에 대해 생각하게 하는 이야기
《잘못 뽑은 반장, 국회에 가다》
아무도 반장이 되지 않으려는 학교에서 반장이 된 아이들이 정의를 지키려고 노력하는 이야기

쌤의 조언 한 마디!

중·고등학교는 교실에 담임 선생님이 안 계시기에 반장의 역할이 굉장히 중요해요. 그래서 반장이 자기 역할을 잘하면 다음 해에 다시 반장이 되지만, 그렇지 않으면 반장이 되기 힘들어요.

그런데 지난 2년 동안 코로나로 인해 반장의 리더십을 볼 기회가 없었어요. 그래서 2022년에 체육대회, 축제 등의 행사를 하면서 반장의 자질 문제로 실랑이가 벌어졌어요. 이때 반장이 자기 마음을 다스려서 상황을 잘 마무리하면 반장으로서의 리더십을 키울 수 있어요.

'이로운'이 고군분투하는 모습에서 우리 반 반장의 모습이 보였어요. 학급을 이끄는 것이 쉬운 일이 아니기에 저도 모르게 이로운을 응원하게 되더라고요.

아이가 자라면서 리더십을 발휘해야 할 일이 꽤 많을 거예요. 리더는 어떤 자질을 가져야 할까요? 반장 시리즈를 보면서 각 책에서 이야기하는 리더십에 대해 이야기를 나눠 봐요.

마당을 나온 암탉 ★대한민국문화예술상

글, 그림 황선미, 김환영   출판사 사계절   연계 교과 국어 5-2 1. 마음을 나누며 대화해요.

책 속으로

　아무도 불러 주지 않지만 스스로에게 '잎싹'이라는 이름을 지어 준 양계장의 암탉. 잎싹이 자신의 꿈을 이야기하면 모두 비웃는다. 닭장 안에 있는 닭은 알을 낳아야 하고, 수탉은 새벽마다 울어야 하고, 마당에 있는 암탉은 새끼를 부화해야 하고, 개는 집과 족제비로부터 마당을 지켜야 한다.

　잎싹은 이틀 동안 알을 낳지 못한다. 폐계가 된 것이다. 닭장 안에서 평생 동안 태어나지도 못하는 알을 낳으며 살던 잎싹의 소원은 마당에 나가 보는 것이다. 그리고 예쁜 병아리를 키우는 것. 하지만 잎싹에겐 둘 다 허락되지 않았다.

　잎싹이 더 이상 알을 낳을 수 없고 병든 것 같자 농장 주인은 폐닭들을 수레에 싣고 구덩이에 버린다. 잎싹은 그 안에서 살아남는다. 닭장을 벗어난 잎싹은 나그네라고 불리는 청둥오리를 만난다. 그러다 누구의 알인지 모르는 알을 품는다. 나그네는 잎싹이 알을 품는 동안 매일 물고기를 잡아 주고, 족제비로부터 지키기 위해 잠도 자지 않고 보초를 선다. 그러다 알이 부화하기 직전, 청둥오리는 자신이 필요 없어지자 족제비에게 스스로 잡아먹힘으로써 그들이 살 수 있게 한다.

　잎싹은 태어난 오리에게 초록머리라는 이름을 지어 주고, 자신의 아이라고 생각하며 누구보다 애지중지 키운다. 족제비의 습격을 피하기 위해 잠도 제대로 자지 못한다. 다른 오리들에게 따돌림을 당해 지치고 외로움을 느낀 초록머리가 자신을 벗어나고 싶어 하는 상황에서도 정성껏 키운다.

　족제비가 계속 잎싹과 초록머리를 노리자 잎싹은 자신의 아이를 지키기 위해 똑같이 족제비의 새끼를 노린다.

　초록머리는 지나가던 청둥오리 무리와 함께 하늘을 날아 떠나고, 잎싹은 굶은 족제비에게 자신을 던지고 진정한 자유를 찾는다.

시크릿한 책 속 비밀

〈마당을 나온 암탉〉이라는 애니메이션을 본 적이 있나요? 소설과 애니메이션은 장르가 달라서 전체적인 내용은 비슷하지만 세세한 내용은 조금씩 달라요.

잎싹은 꿈을 가지고 있어요. 지금의 상황에 실망하거나 좌절하지 않고, 희망을 가지고 살아요. 그 덕에 양계장에서 나오고 비록 자신이 낳은 알은 아니지만 알을 품고, 새끼도 키워요.

우리 아이들은 꿈을 꾸고 있나요? 아이의 꿈을 물어본 적 있나요? 꿈을 꾸는 것은 매우 중요해요. 아이가 자신의 미래에 대해 어떤 꿈을 가지고 있는지, 그 꿈을 얼마나 갈망하는지에 따라 꿈을 이룰 수도 있어요. 아이가 자신의 꿈을 포기하지 않고 부모님은 옆에서 꾸준히 응원해 준다면 아이는 분명 꿈을 이루기 위해 노력할 거예요.

이 책은 기존의 동화책처럼 아름다운 구성으로 이루어져 있지 않아요. 최근의 작품들처럼 기발하거나 통통 튀는 문체로 이루어져 있지도 않아요. 그러나 모성애, 정체성, 생명 존중, 먹이사슬 등 진지한 주제들이 책 곳곳에 촘촘히 박혀 있어요. 또 빈틈없는 구성과 섬세한 묘사를 통해 '소설' 갈래에 대해 확실히 이해할 수 있는 작품이라고 생각해요.

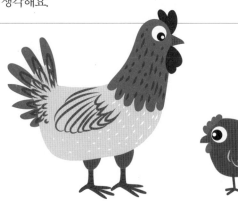

부모와 아이의 인사이트 확장을 위한 TIP

• 잎싹은 양계장에 갇혀서 알만 낳는 상황이었지만 마당을 보며 밝은 미래를 상상했어요. 우리 아이들에게도 자신이 생각하는 밝은 미래가 있을 거예요. 아이와 함께 내 앞에 펼쳐졌으면 좋겠다는 생각이 드는 나만의 마당을 그려 봐요.

쌤의 조언 한 마디!

68년 동안 통 속에 갇혀 사는 사람의 이야기를 들어 본 적 있나요?

폴 알렉산더라는 미국 변호사예요. 미국 텍사스 주에 살던 그는 1952년 6살에 소아마비에 걸렸어요. 호흡기로 감염되는 소아마비는 당시 미국에서 엄청난 확산세로 심할 경우 자가 호흡도 불가능했어요. 알렉산더 역시 중증 소아마비에 걸려서 숨을 쉴 수 없었어요. 결국 알렉산더는 폐 절제술을 받고 아이언 렁에 들어갔어요. 아이언 렁은 밀폐된 철제 용기에 들어가 환자의 폐를 인공적으로 수축, 팽창시켜 호흡할 수 있도록 돕는 장치예요.

그럼에도 알렉산더는 입에 붓과 펜을 물고 그림도 그리고 공부도 했어요. 그리고 아이언 렁의 도움 없이 몇 분이라도 통 밖에서 호흡할 수 있도록 훈련도 했지요. 그는 통 속에서 공부하며 고등학교를 수석으로 졸업했고, 텍사스 대 법률학을 전공하여 시험에 합격해 변호사가 되었어요. 하지만 알렉산더의 몸은 점차 쇠약해졌고 통에서 나올 수 없어 변호사 일을 그만두게 되었어요. 그러던 중 아이언 렁의 부품이 낡아서 고장 났어요. 아이언 렁은 이미 1960년대 생산이 중단됐고, 남아 있는 기계는 모두 낡았지만 고칠 수 있는 사람도 없었어요. 이를 안타깝게 여긴 알렉산더의 친구가 그의 이야기를 유튜브에 올렸고, 아이언 렁을 수리할 수 있는 연구원이 그를 돕겠다고 했어요. 부품들이 낡고 생산이 중단된 상태라 부품을 직접 만들어 가며 고쳤지요.

최근 알렉산더는 입에 펜을 물고 키보드를 한 글자씩 눌러서 자서전도 완성했다고 해요. 출신이 어디든, 과거나 배경이 어떻든, 극복해야 할 문제가 무엇이든 우리는 뭐든지 할 수 있어요. 마음을 단단히 먹고, 열심히 한다면 말이죠. 알렉산더도 포기하지 않고 도전하고, 긍정적으로 생각하면 원하는 것을 이룰 수 있다는 메시지를 전하고 싶어서 책을 썼다고 해요.

포기하지 않고 끝없이 희망을 생각하고 노력하는 알렉산더의 이야기와 잎싹의 모습이 겹쳐 보이지 않나요?

리디아의 정원 ★칼데콧 아너상

글, 그림 사라 스튜어트, 데이비드 스몰 출판사 시공주니어 연계 교과 국어 3-1 4단원

책 속으로

> 아빠의 오랜 실직으로 형편이 어려워지자 리디아는 도시에 사는 외삼촌에게 맡겨진다. 리디아는 곧 만나게 될 삼촌에게 편지를 쓴다. 자신이 몸집은 작아도 힘은 세고, 할 수 있는 일은 뭐든지 돕겠다는 내용이었다.
>
> 도시에 도착한 리디아는 사람들이 화분을 내놓은 것을 본다. 리디아는 빵집 주변 화분에 꽃씨를 심는다. 사람들은 삼촌의 빵집에 리디아의 꽃을 보러 모여든다.
>
> 어느 날 비밀 장소를 발견한 리디아는 외삼촌을 위한 깜짝 선물로 집에서 보내 준 씨앗들을 심기 시작한다. 마침내 리디아는 독립기념일에 외삼촌한테 아름다운 옥상 정원을 보여 주며 놀라게 한다. 이후 외삼촌으로부터 예쁜 꽃으로 뒤덮인 케이크를 선물로 받는다. 아버지가 취직이 되었다는 소식과 함께 다시 집으로 돌아가게 된 리디아는 외삼촌 가족들과 기차역 플랫폼에서 아쉬운 마음에 서로를 꼭 안으며 이별한다.

시크릿한 책 속 비밀

> 책을 포함한 모든 예술 작품은 사람의 마음을 움직이는 힘을 갖고 있어요. 이 작품은 1930년대 미국이 대공황을 겪던 시기가 배경이에요. 모두가 희망을 잃고 생존이 유일한 미덕이던 시기였죠. 바로 그때 가족과 이웃에게 꿈과 희망의 꽃을 선물한 소녀의 이야기예요.
>
> 이 책의 첫 장면은 리디아와 할머니가 정원을 돌보는 그림이에요. 이 그림에는 가난을 볼 수 없어요. 그러나 사실 리디아는 집안 형편이 어려워 외삼촌 집에 맡겨져야 하는 처지였지요.
>
> 리디아가 삼촌에게 기울이는 관심 덕분에 어두웠던 삼촌의 집 안은 밝아져

요. 리디아는 삼촌에게 시를 쓰기도 하고 빵 반죽도 하며 꾸준히 이야깃거리를 만들어 내요. 삼촌의 가게 앞에는 화분과 꽃을 구경하거나 물건을 사는 손님들로 북적거리죠. 따뜻한 그림과 간결한 글은 이 놀라운 움직임을 야단스럽지 않게 그려 낸답니다.

리디아가 이제 삼촌을 위한 비밀 계획을 완성하고 공개하는 날, 옥상은 꽃천지였어요! 빈 화분에 꽃을 가꾸듯 절망 속에서도 희망을 가꾸는 것이 리디아의 힘이에요. 삼촌도 "천 번 웃으신 것만큼" 의미 있는 선물로 답례하죠.

수업 중 아이들에게 장래에 무슨 일을 하고 싶냐고 물어보면 무엇을 해야 할지 모르거나 어떤 일이든 돈만 많이 벌 수 있다면 상관없다고 말하는 경우가 많아요. 그 일을 하면서 얻는 감동이나 행복은 크게 고려하지 않는 것 같아 참 안타까워요.

어떤 일을 하든 행복하지 않거나 자신이나 다른 누군가에게 감동을 주지 못한다면 그 일을 오랫동안 하기는 어려워요. 그 일을 발전시켜 나가기도 어렵고요. 일은 즐겁고 행복하고 설레야 해요. 그래야 스스로도 그 일을 하면서 즐겁고 행복할 수 있어요.

아이들이 이 책을 읽으면서 자신이 어떤 일을 할 때 즐겁고, 행복하고, 설레는지 생각해 보는 계기가 되면 좋겠어요.

부모와 아이의 인사이트 확장을 위한 TIP

- 같은 작가가 쓴 다른 작품들도 읽어 볼까요? 이 책들 역시《리디아의 정원》처럼 주인공이 쓰는 편지를 통해 이야기가 전개돼요. 이 작품 속의 소녀들은 여러 어려운 상황 속에서도 희망을 잃지 않는 모습을 보여 준답니다. 진로를 위해 준비하느라 힘들 때가 온다면 이 책의 소녀들을 기억하면 좋겠어요.

《이사벨의 방》, 사라 스튜어트 글/데이비드 스몰 그림, 시공주니어
미국으로 이민 간 멕시코 소녀의 이야기

《한나의 여행》, 라 스튜어트 글/데이비드 스몰 그림, 비룡소
대도시에 처음 가 본 '아미시' 소녀의 예쁜 이야기

쌤의 조언 한 마디!

꽃은 사람을 미소 짓게 하는 힘을 가진 것 같아요. 이 책에 있는 아름다운 꽃 그림을 보면 어느새 미소 지으며 책을 읽고 있는 자신을 발견할 거예요.

회복탄력성이라는 말을 들어 봤나요? 회복탄력성은 크고 작은 역경이나 실패, 부정적인 상황을 극복하고 그것을 도약의 발판으로 삼아 더 높이 뛰어오르거나, 원래의 안정된 심리 상태를 되찾는 성질이나 능력을 뜻해요.

매년 새로운 아이들을 만나 보면 그중에는 회복탄력성이 좋은 아이들이 있어요. 그 아이들이 있는 학급은 다른 반보다 분위기가 더 좋은 경우가 많아요. 2021년에 만난 한 아이는 회복탄력성이 아주 좋았는데 그때 저희 반의 분위기가 해당 학년에서 최고였어요. 역시나 다음 해에도 그 아이가 속한 반이 해당 학년에서 분위기가 최고였다고 하더라고요. 아이가 갖고 있는 긍정적인 에너지가 주변 아이들까지 영향을 준 것이죠.

그런 아이들을 만날 때마다 엄마로서 내 자녀도 다른 무엇보다 회복탄력성이 좋은 아이로 자라기를 기원하곤 한답니다.

지도 밖의 탐험가 ★볼로냐 라가치상 논픽션 부문 대상

글, 그림 이사벨 미뇨스 마르틴스, 베르나르두 카르발류   출판사 위즈덤하우스   연계 교과 국어

책 속으로

이 책은 현실의 한계를 넘어 새로운 세계를 발견해 낸 탐험가 11명의 이야기를 담고 있다.

탐험가들이 미지의 세계에 도착했을 때, 그곳에는 먼저 그 땅을 발견한 원주민이나 다른 탐험가들의 흔적이 있었다. 우리는 왜 탐험가들의 이름을 기억하고 그들의 업적을 특별하게 여길까? 세상을 바꾸는 발견이란 어떻게 이루어질까?

그리스 지리학자 피테아스, 당나라 승려 현장, 13세기 이탈리아 외교관 카르피니, 13세기 이탈리아 탐험가 마르코 폴로, 14세기 아랍 여행가 이븐바투타, 15세기 포르투갈 선원 바르톨로메우 디아스, 18세기 프랑스 탐험가 잔 바레, 18세기 영국 식물학자 조지프 뱅크스, 18세기 영국의 과학자 훔볼트, 19세기 영국의 과학자 다윈, 19세기 영국의 탐험가 메리 헨리에타 킹즐리 등 총 11명의 탐험가가 세상을 바꾸는 발견을 한 이야기를 담고 있다.

그중 훔볼트는 지구에서 가장 높은 산으로 여겨졌던 침보라소 화산 정상에 올랐다. 그는 거기서 자신이 본 모든 동식물과 자연이 연결되어 있음을 깨닫는다. 자연은 마치 수천 개의 거미줄로 얽혀 있는 그물과 같다고 생각하고 모든 자연현상을 연관지어 생각했다. 베네수엘라 대농장의 호수물이 갑자기 불어난 것이 숲과 토양, 기후에 영향을 미친다는 것을 알게 된 것이다. 그는 기후 변화가 인간의 행동에 끼치는 영향에 대해 주목한 최초의 과학자이다.

동양의 수묵화와 서양의 유화를 연상케 하는 신비한 색채, 강렬한 이미지의 그림을 보고 있으면 미지의 세계에 대한 궁금증을 해결할 수 있을 것이다.

시크릿한 책 속 비밀

이 책은 지도가 만들어지기 전 미지의 세계를 향해 첫발을 내딛은 사람들의 인물 이야기예요. 시대와 장소를 막론하고 최초의 여행자와 탐험가의 이야기가 담겨 있어요.

지금 우리가 당연한 듯 누리고 있는 편안함이 당연한 게 아님을 알 수 있는 책이에요.

그들이 모험에 나서게 된 사연이 당시의 시대적, 사회적 상황과 함께 나타나요. 그들의 발견과 탐험 활동이 세계사에 미친 영향도 함께 살필 수 있어요.

책 속의 그림은 완성도가 굉장히 높아요. 큰 판형과 생생한 색감의 그림, 대범한 블랙의 삽화가 섞여 있어요. 마치 당시 탐험가들이 상상했던 미지의 세계가 '탐험'을 통해 하나둘씩 세상에 열렸던 것처럼, 연결되지 않았던 두 곳을 연결해서 첫 번째 지도가 탄생되도록 탐험의 기회를 제공해요.

예전보다 무서운 소식이 많이 들리는 세상이라 그럴까요? 요즘 아이들은 바깥을 마음껏 돌아다니지 못하고 주변을 탐색하는 것조차 부모님과 함께해야 하는 안타까운 세상이에요. 이 책을 읽으며 아이들과 함께 더 넓은 미지의 세계로 탐험해 보는 건 어떨까요?

부모와 아이의 인사이트 확장을 위한 TIP

• 책에 나오는 인물 중 한 사람을 알아봐요.

현장(602년 4월 6일~664년 3월 7일)

당나라 초기 고승이자 번역가이며, 현장삼장으로 불린다.

열 살 때 형을 따라 낙양의 정토사에서 불경을 공부했고, 열세 살 때 승적에 이름을 올려 현장이라는 법명을 얻었다. 그를 부르는 또 다른 명칭은 삼장법사인데, 삼장이란 명칭은 경장·율장·논장에 능해서 생긴 별칭이다.

현장은 당시의 한문 불교 경전의 내용과 계율에 대한 의문점을 팔리어와 산스크리트어 원전에 의거하여 연구하려고 인도의 푸슈야브후티로 떠났으며 귀국 후 사망할 때까지 만 19년에 걸쳐 자신이 가지고 돌아온 불교 경전의 한문 번역에 종사하였다. 번역은 원문에 충실하며 당시 번역법이나 번역어에 커다란 개혁을 가져왔다.

자신의 인도 여행의 견문기를 《대당서역기》에 통합 정리하여 태종에게 진상하였다. 또한 현장의 천축 여행을 모티브로 하여 명나라 시대에 《서유기》라는 소설이 생겼다.

《서유기》에서 현장은 삼장법사로 묘사한다.

삼장법사는 불경을 구하러 천축으로 가던 도중 옥황상제에게 싸움을 건 죄로 산 밑에 500년째 깔려 있던 손오공의 형벌을 면제해 주고, 손오공을 통제하기 위해 머리에 금고아를 씌운다. 그 이후 손오공을 데리고 다니면서 천축으로 향하던 도중 저팔계와 사오정도 함께한다. 여행 도중 여러 요괴를 만나지만 손오공의 활약으로 위기를 모면한다. 이 책을 읽고 《서유기》를 함께 읽어 보기를 권한다.

• 책에 나오는 나라를 아이와 함께 지도에서 찾아보고, 여행 가고 싶은 나라
  도 표시하며 이야기를 나누어 봐요.
  (그리스, 중국, 이탈리아, 프랑스, 영국, 포르투칼, 아랍)

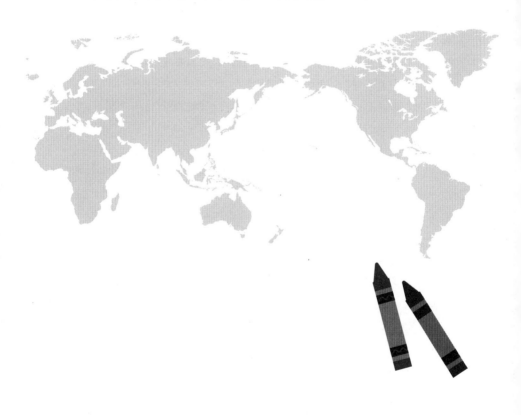

하루 동안 과학자 되어 보기 ★전국과학교사모임 추천 도서

글, 그림 앤 루니, 댄 출판사 더숲 연계 교과 과학 3, 4학년

책속으로

　아침이 되면 따뜻한 이불 속에서 눈을 뜨고(열의 성질), 맛있는 아침밥을 먹는다(소화의 과정). 자전거를 타고(마찰의 개념), 학교로 출발해 교실에 앉는다. 쩽쩽한 햇빛이 교실 창문으로 들어온다(빛의 원리). 놀이터에서 숨이 차도록 놀고(허파의 역할), 간식으로 아이스크림을 먹는다(고체, 액체, 기체의 성질). 집으로 돌아와 그림을 그려 자석으로 냉장고에 붙인다(자력의 원리). 날이 저물고 욕조 안에서 목욕을 한다(밀도와 부력의 이해). 자기 전에 음료수 한 잔을 먹는다(용질, 용매, 용액의 차이).

　특별할 것 없는 평범한 일상처럼 보이지만 이 속에는 엄청난 과학 원리들이 숨어 있다.

　이 책은 과학 원리를 지식의 형태로 가르치는 것이 아니라, 직접 발견하고 배우고 체험하도록 하루 일과를 이야기하여 쉽고 재미있게 설명한다.

　아이들은 과학이 자신과 멀리 떨어져 있는 어려운 이야기가 아니며, 생활 속에 깊게 활용되고 있는 친근한 것임을 깨닫는다. 더불어 과학 원리를 잘 이해했는지 확인하는 문제들이 수록되어 있어 스스로 체크할 수 있다. 이렇게 얻은 과학적 사고력은 새로운 것에 대한 탐구력을 길러 주어 눈앞에 펼쳐진 다양한 물건을 만날 때 그 속에 담긴 과학 원리를 유추해 보는 자기 주도적 학습을 할 수 있도록 이끈다.

시크릿한 책 속 비밀

　전 세계 교육의 화두는 AI에요. 세계 주요국과 기업 역시 AI 주도권을 확보하기 위해 치열한 경쟁을 펼치는 중이지요. 또 주변을 살펴보면 생활 곳곳에 AI가 있고요. 그 과정에서 수많은 직업이 사라질 위기에 처해 있다고 해요. 이

러한 미래 사회를 대비한 능력을 키우는 일에 교육의 관심이 향하고 있어요.

이에 대한 해답으로 떠오르는 것이 'STEM 교육'이에요. STEM은 과학(Science), 기술(Technology), 공학(Engineering), 수학(Mathematics)을 의미하는 것으로, 과학기술 기반의 융합적 사고력을 기르고, 실생활에 바로 적용할 수 있는 문제해결력을 키우는 거예요. 그 중심에는 과학이 있어요.

아이스크림 케이크를 먹고 상자 안에 있던 드라이아이스를 물에 넣어 하얀 연기가 나오게 했던 경험이 있나요?

이렇게 책 속에는 집에서 쉽게 할 수 있는 실험이 많이 소개되어 있어요. 여기에 등장하는 실험 기구들은 집에서 쉽게 구할 수 있는 간단한 물건들로 편리하게 과학 원리를 체험할 수 있게 해 줘요.

여러 가지 소재로 아이스크림 덜 녹게 하기(단열의 효과), 바나나와 비스킷으로 몸속 소화기관 만들기(위와 장의 역할), 나무판과 드라이어기로 비탈길 만들기(마찰력 비교), 풍선과 페트병으로 허파 만들기(허파의 움직임 관찰) 등을 직접 해 보면서 앞서 배운 과학 원리를 익혀요. 이렇게 스스로 과학자가 되어 자신이 발견한 과학 원리가 맞는지 틀리는지 확인하면서 아이들은 응용력과 모험심을 기를 거예요.

• 집에서 할 수 있는 간단한 과학 실험을 한 가지 소개할게요.
  물의 수면 장력 실험이에요. 물질들이 서로 꽉 잡고 있으면 고체, 살짝 잡
  고 있으면 액체, 서로 떨어져 있으면 기체로 입자들은 열에 의해 서로 간
  격을 형성해요. 이때 서로 붙잡고 있는 힘을 인력(서로 끌어당기는 힘)이라
  고 해요. 고체는 인력이 강하고 기체는 인력이 거의 없어요. 액체는 모양
  이 쉽게 바뀌는데 인력은 어떻게 될까요? 액체의 인력을 확인하는 실험이
  물의 장력 실험이에요.
  준비물은 종이컵, 물감, 물, 물약통이에요.
  우선 종이컵에 물감을 푼 물을 담아요. 종이컵에 물이 가득 담기면 물약통
  을 이용해서 넘치기 직전까지 물감물을 조금씩 더 넣어요. 컵 위로 볼록하
  게 쌓인 물을 관찰해 봅니다. 위에 클립을 살짝 올려보세요. 표면 장력으
  로 클립이 위에 떠 있을 거예요.

- 평범한 일상 속에서 수학자가 되어 찾아보는 수학 이야기를 다룬《하루 동안 수학자 되어 보기》(앤 루니 글/댄 그림, 더숲)를 읽어 봐요.
과학 원리를 찾아본 것처럼 책과 비슷한 나의 일상을 쓰고, 그 속에서 어떤 수학 원리를 찾았는지 적어 봐요.

일상	수학 원리
다른 사람에게 길을 가르쳐 줄 때	거리, 시간 구하기
체육 시간에 달리기	거리, 속도 구하기
피자를 나누어 먹을 때	분수의 이해

엄마는 트롯 가수

글, 그림 류미정, 이현정 출판사 노란돼지 연계 교과 국어 3-2 6. 마음을 담아 글을 써요.

책 속으로

우찬이가 초등학교에 입학하면서 엄마는 일하던 회사를 그만둔다.

입학식 날, 우찬이 엄마는 화려한 핑크색 드레스를 입고 입학식에 참여한다. 입학식이 끝날 즈음 교장 선생님이 노래 부르실 분 나오라고 하자 우찬이 엄마는 무대 위로 올라가 트롯을 부른다. 우찬이는 엄마의 꿈이 가수였다는 걸 알게 된다.

트롯 오디션이 있다는 소식을 듣고 우찬이 엄마는 집에 가자마자 오디션을 신청한다. 이를 본 우찬이는 서운한 마음에 엄마의 오디션을 막기로 결심한다. 오디션 일정이 변경되었다고 연락이 왔으나 우찬이는 그것을 엄마에게 알리지 않는다.

그 사실을 모르는 우찬이 엄마는 노래 연습을 위해 우찬이와 함께 강원도로 여행을 간다. 우찬이는 문득 작년에 제일 좋아하는 에어쇼를 보지 못해 속상했던 날이 생각났다. 우찬이는 고민 끝에 엄마에게 오디션 일정이 변경된 것을 자신이 알리지 않았다고 고백하지만 이미 오디션 신청은 마감되었다.

엄마는 시장에서 열린 노래자랑에서 우찬이와 신나게 〈아모르 파티〉를 부른다. 우찬이는 언젠가 엄마를 꼭 트롯 가수로 만들겠다고 다짐한다.

시크릿한 책 속 비밀

요즘 아이들은 꿈이 없다고 해요. 꿈이 무엇이냐고 물으면 '돈을 많이 버는 것'이라고 대답하고요.

누군가 꿈은 명사가 아니라 동사라고 했어요. 꿈의 종류는 다양해요. 트롯 가수뿐 아니라 세계 여행하기, 나만의 가게 차리기 등 사소한 것도 꿈이 될 수 있어요. 가장 중요한 것은 꿈을 간직하고 살아가는 것이죠.

누구나, 언제나 꿈을 갖고 있어요. 엄마도 꿈이 있어요. 많은 엄마들이 결혼하고 육아하면서 일을 그만둬요. 자신의 이름을 잠시 내려놓고 '누군가의 엄마'로 살아가죠.

그렇다고 해서 자신의 꿈을 완전히 접은 건 아니에요. 아이를 키우는 엄마의 마음에도 아직 열정이 있어요. 단지 육아에 밀려 순위가 뒤로 밀렸을 뿐이죠. 간혹 그 열정이 자녀에게 투과되어 자녀 교육에 몰입하기도 하고, 참지 못하고 열정이 불쑥 튀어나오기도 해요.

이 책은 우찬이가 트롯 가수가 되고 싶어 하는 엄마를 통해 꿈의 의미를 깨닫게 되는 동화예요. 아이들은 자신들만 꿈이 있는 게 아니라 엄마에게도 꿈이 있다는 걸 잘 몰라요. 주인공인 우찬이 역시 자신에게 관심을 주지 않고 오디션에만 신경 쓰는 엄마에게 서운해 하다가, 점차 엄마를 이해하고 꿈이 무엇인지 알아 가는 모습을 보여 줘요. 아이와 함께 이 책을 읽으며 엄마도 꿈이 있다는 걸 아이에게 이야기해 주세요. 아마 아이는 엄마를 또 다른 눈빛으로 바라볼 거예요.

부모와 아이의 인사이트 확장을 위한 TIP

• 엄마의 꿈 이야기를 아이에게 들려준 적 있나요? 엄마의 꿈 이야기를 아이에게 들려주세요. 엄마는 원래 무엇이 되고 싶었는데 지금은 어떤 모습이고, 엄마는 앞으로 어떤 꿈이 있고, 그 꿈을 이루기 위해 어떻게 하고 싶은지 이야기를 나누다 보면 아이도 엄마를 한결 잘 이해할 거예요. 그러면서 자연스럽게 아이에게도 꿈이 무엇인지 물어보는 시간을 가져 봐요. 꿈을 이루기 위해 지금 어떤 노력을 하고 있는지도요.

- 늦은 나이에 꿈을 이룬 인물

박완서 작가를 모르는 사람이 없을 거예요. 그런데 박완서 작가가 평생 전업주부로 살다가 늦은 나이에 작가로 등단했다는 사실을 알고 있나요?

제가 처음 만난 박완서 작가님의 작품은 고등학교 국어 교과서에 수록된 《그 여자네 집》이에요. 남북 분단의 이야기를 절절하게 담아 낸 작가님의 필력에 감탄하며 읽었던 기억이 있어요.

박완서 작가는 《나목》, 《엄마의 말뚝》, 《그 남자네 집》, 《자전거 도둑》, 《그 많던 싱아는 누가 다 먹었을까》 등 많은 작품을 썼답니다.

박완서 작가는 경기도 개풍군 청교면 묵송리 박적골에서 태어났어요. 세 살 때 아버지를 여의고, 일곱 살 때 어머니를 따라 서울로 이주했어요. 여자는 교육을 받지 못하던 시기에 어머니의 신념 덕분에 교육을 받았지요. 서울대학교 국문학과에 입학했으나 그해 여름 한국전쟁이 발발하였고, 전쟁으로 숙부와 오빠를 잃는 등 집안에 비극적인 사건들이 겹치며 생활고로 인해 학업을 중단했어요. 1953년 결혼해, 1남 4녀를 낳았어요.

아이를 낳고 전업주부로 살던 박완서 작가는 40세의 나이에 《여성동아》 장편소설 공모전에 《나목》이 당선되어 등단했어요. 박완서 작가는 자신만의 문체와 시각으로 한국문학 작가상, 이상문학상, 대한민국 문학상, 이산문학상, 중앙문화대상, 현대문학상, 동인문학상, 대산문학상, 만해문학상 등을 수상하는 등 활발한 문학 활동을 이어 갔어요.

평생을 전업주부로만 살았지만 40이라는 나이에 새로운 도전을 한 박완서 작가. 늦은 나이였지만 자신의 꿈을 이룬 멋진 엄마이지 않나요?

행운 없는 럭키 박스

글, 그림 홍민정, 박영 출판사 잇츠북어린이 연계 교과 국어 3-1 1. 재미가 톡톡톡

책 속으로

준하는 얼마 전까지 아파트에 살다가 주택이 모여 있는 동네로 이사를 왔다. 아빠가 갑자기 회사를 그만두는 바람에 생긴 일이다. 이모는 엄마와 함께 건물 1층에서 카페를 열기로 했고 준하네는 2층에, 이모는 3층에 산다. 준하는 자신이 계속 행운이 없다고 생각한다.

무척 더운 날, 준하는 아이스크림을 사 먹으려고 편의점에 갔다가 행운 뽑기 기계를 발견한다. 두 번이나 뽑았으나 그때마다 시시한 지우개가 들어 있다.

오랜만에 외식하러 돈가스 가게에 갔다가 개업 5주년 기념으로 받은 즉석 행운권에서 2등에 당첨된다. 상품은 커다란 '럭키 박스'이다. 그러나 럭키 박스에는 가위, 양말, 무릎 담요, 스티커 등 하찮다고 생각되는 물건들만 있다.

화가 난 준하는 빈 럭키 박스를 쓰레기 더미 위에 아무렇게나 버린다. 그런데 빈 럭키 박스에 귀여운 강아지가 담겨 돌아온다. 하지만 아빠는 개를 무서워하고 엄마는 털 알레르기가 있고, 준하는 반려동물을 키우고 싶다는 생각을 해 보지 않았다. 가족들은 강아지를 어떻게 할지 고민한다. 결국 우여곡절 끝에 강아지의 이름을 럭키라고 짓고 함께 산다.

시크릿한 책 속 비밀

혹시 '운수 좋은 날'이라는 소설을 알고 있나요? 중학생이 되면 '운수 좋은 날'을 배우는데, 제목은 반어로 쓰였어요. 반어는 본래의 뜻과 반대로 써서 그 뒤에 숨은 뜻을 강조하는 말이에요. 혹시 이 책의 제목을 보고 반어를 생각했나요? 그런데 이 책의 제목은 반어가 아니라 역설이에요. 역설은 겉으로 모순되어 있는 표현을 통해 내용을 강조하는 것을 말해요.

럭키 박스는 '행운'이 들어 있는 상자인데 행운이 없다니 말이 되지 않지요? 아이에게 반어나 역설이라는 정확한 용어를 알려 주지 않더라도 책을 읽다가 이런 이야기를 해 주면 중·고등학교 국어 수업 시간에 한결 편하게 다가갈 거예요.

'행운'이나 '기회'라는 말은 듣기만 해도 설레죠. 우리는 늘 행운이 함께하기를 바라며 살아요. 우리가 이렇게 행운을 바라는 이유는 어쩌면 삶이 그만큼 팍팍하기 때문인 것 같아요.

그런데 아무리 생각해 봐도 행운은 우리가 생각하는 대로 되지는 않아요. 행운이라고 확신했던 일이 불행이 되기도 하고, 행운이라고 생각하지 않았던 일이 행운이 되기도 하거든요. 그러니 실망하는 일이 생기더라도 너무 슬퍼하지 말고 열심히 생활하다 보면 분명 좋은 결과가 올 거예요. 행운이란 건 아무것도 하지 않고 부정적인 사람보다 어떤 일이든 노력하고 긍정적으로 생각하는 사람에게 찾아온답니다.

아이들도 공부를 하면서 실망하거나 힘든 일이 생길 때가 있을 거예요. 그때 아이에게 충실하게 생활하다 보면 분명히 좋은 일이 올 거라고 이야기해 주세요.

부모와 아이의 인사이트 확장을 위한 TIP

• 행운이란 무엇일까요? 아이에게 행운은 어떤 것일까요? 아이와 함께 행운에 대해 이야기를 나누고 아이가 어떻게 살아야 할지 이야기를 나눠 봐요.

1. 너는 행운이 뭐라고 생각하니?

----

2. 네게 가장 행운이라고 생각했던 일은 뭐가 있어?

----

3. 어떻게 하면 우리에게 행운이 찾아올까?

나는 나 나혜석

글, 그림 정하섭, 윤미숙   출판사 우주나무   연계 교과 국어 4-2 6. 본받고 싶은 인물을 찾아봐요

책 속으로

나혜석은 나 참판댁 또는 나 부잣집이라 불리는 경기도 수원 명문가에서 태어났다. 나혜석의 아버지는 보수적인 사대부 집안의 사람이었으나 성별과 관계없이 자녀들에게 신교육을 받게 했다. 그 덕에 나혜석은 여성들 중 특출 난 편이었고, 고등학교까지 나와 미술을 익혔다.

나혜석은 의열단 활동을 자원하는 등 다방면으로 독립운동도 지원했다. 또한 그림 전시회도 열었고, 미술 전람회에서 상도 탔다. 이런 일들은 여성으로서는 나혜석이 처음이었다. 일본으로 유학한 나혜석은 열심히 공부해 신문에 그녀의 업적이 보도되기도 했다.

나혜석은 결혼하지 않으려 했으나 집안의 압력을 이기지 못하고 결혼한다. 그녀는 남편이 될 사람과 결혼하기 위해 네 가지 조건을 내건다.

첫째, 평생 지금처럼 사랑해 줄 것

둘째, 그림 그리는 것을 방해하지 말 것

셋째, 시어머니와 전 부인의 딸과 따로 살게 해 줄 것

넷째, 최승구(첫사랑) 묘지에 비석을 세워 줄 것

결혼한 나혜석은 아이를 낳아 키우며 여성들이 얼마나 힘겹게 사는지 느꼈다. 그 이후 세계 여행을 떠나 유럽과 미국 여성들이 자신들의 권리를 위해 나서는 모습에 감동받았다. 나혜석은 우리나라로 돌아와 여성도 남성과 동등한 권리가 있다고 목소리를 높였다. 나혜석은 언제나 '여자도 사람이라고' 당당하게 외쳤다.

시크릿한 책 속 비밀

대체로 전기는 시대의 흐름에 대해 이해할 수 있는 초등 4학년 때쯤 읽는 것이 좋아요.

이 책은 나혜석의 페미니스트적 면모가 많이 드러난 책이에요. 나혜석은 구한말(조선 말기에서 대한제국까지의 시기)에 태어나 격동의 시절을 살았어요. 여자라는 이유로 많은 것이 금지되는 시대에 살았답니다. 그런 시대에서 남녀가 평등한 세상을 꿈꾼 여인이 나혜석이에요.

나혜석은 새로운 문물과 사상을 받아들인 화가와 작가로 이름을 알렸어요. 잡지에 만평을 그리고 다른 작가의 책에 삽화를 그리는가 하면, 암울한 여성의 처지와 불평등한 삶의 조건을 고발하고 낡은 관습에 맞서는 주장을 신문에 싣기도 했어요.

이렇게 왕성한 활동을 하며 나혜석은 '우리나라 최초'라는 타이틀을 여러 개 얻었어요. 우리나라 '최초의' 여성 서양화가, '최초의' 여성주의 작가, 우리나라 여성으로 '처음' 세계 일주를 한 사람도 나혜석이에요. 여성도 남성과 동등한 권리가 있다고 주장하며 사회 활동을 한 여성이기도 하고요.

'나는 누구 딸, 누구 부인, 누구 엄마가 아니라 내 이름 나혜석으로 평생 살겠다'라고 선언하고 그대로 실천한 나혜석의 삶은 단순히 무슨 직업을 가질 것인가, 무슨 일을 하며 살 것인가가 아니라 '어떻게 살아야 하는가'를 생각하게 해준답니다.

• 수원나혜석거리

수원시 팔달구 인계동 1140에 '나혜석 거리'가 있어요. 이 거리에는 신여성 나혜석의 동상도 있고요. '나혜석 거리'는 나혜석의 업적을 기리기 위해 조성된 약 300m 정도의 문화거리로 문화예술회관, 효원공원, 야외 음악당 등을 연결하는 공간으로 이루어져 있어요. 도로 내 분수대, 음악이 있는 화장실, 보행자 전용 도로와 거리 공연 등이 있으며 먹거리도 산재해 있어 사람들이 찾는 문화와 만남이 공존하는 거리랍니다.

나혜석 거리를 들렀다가 근처 효원공원(효를 상징하는 각종 기념물이 많이 세워져 있음)에 들르면 멋진 반나절 나들이가 될 거예요.

'나혜석 거리'로 나들이 가기 전에 '나혜석을 따라 파리를 보다'(오마이뉴스) 기사도 함께 읽어 보길 권해요. 아래의 큐알코드로 접속해 봐요.

 '나혜석을 따라 파리를 보다' 기사

• 세계 평화와 인권을 위해 목소리를 낸 여성 인권 운동가 10인

엘리너 루스벨트 미국 제32대 대통령인 프랭클린 D.루스벨트의 부인이자 여성 사회운동가로 활약했어요.

메리언 라이트 에덜먼 아동 인권 운동가로 미국에서 가장 유명한 아동 보호 단체인 아동보호기금의 설립자 및 의장이에요.

박연미 2007년 열세 살 때 탈북하여 현재 대한민국 국적을 갖고 있는 북한 인권 운동가예요. 2014년 영국 BBC 올해의 여성 100인에 선정되었으며 세계 각국을 돌며 북한 사회를 고발하고 북한 인권 회복을 위해 애쓰고 있어요.

수잔 B. 앤서니 미국 역사상 최초로 여성 참정권 운동을 이끈 인물로 미국 최초의 여성 위인으로 꼽혀요.

비올라 데스몬드 캐나다에서 처음으로 인종차별에 맞서 법적으로 투쟁했어요.

마날 알 샤리프 사우디아라비아의 여성 권리 운동가로 여성의 참정권, 해외 이주권, 계좌개설 자유화 등 전반적으로 여성 인권 운동을 펼치고 있어요.

말랄라 유사프자이 1997년생으로 최연소 여성 인권 운동가예요. 그녀는 어린이들을 위한 인권 운동을 진행하고 UN의 초청으로 연설을 선보이는 등의 활동으로 17세 때 노벨평화상을 받았어요.

해리엇 터브먼 평생을 노예제 폐지와 여성 참정권 운동에 바친 미국 여성 인권 운동가예요.

히라쓰카 라이초 일본의 사상가, 평론가, 작가, 여성주의자이며 여성 운동 지도자예요.

바네사 레드그레이브 TV와 연극, 영화를 두루 섭렵한 영국의 배우예요. 그녀는 20대 때부터 인권 운동가로 활동했어요.

생각보다 여성 인권을 위해 노력한 이들이 많죠? 세계평화와 인권을 위한 이들의 노력이 사라지지 않도록 우리가 해야 할 일을 생각해봐요.

세상을 바꾸는 크리에이터 ★한국학교사서협회 추천 도서

글, 그림 원유순, 심윤정   출판사 잇츠북어린이   연계 교과 국어 3-1 10. 문학의 향기

책 속으로

승리는 유튜브 스타가 되고 싶은 초등생 유튜버이다. 지금까지 반 친구들의 꼼수를 몰래 찍은 '별별꼼수' 시리즈로 인기를 얻고 있었다. 얼마 전부터 소재가 없어서 새로운 영상을 올리기도 힘들고 조회 수도 점점 줄어든다.

반 아이들도 승리의 유튜브에 나오는 걸 싫어한다. 게다가 '별별꼼수'를 오늘날까지 있게 해 준 '돼지 왕자의 꼼수'를 찍은 영재조차 자신의 영상을 내려 달라고 한다. 세상을 바꾸는 크리에이터가 되겠다던 승리는 좌절한다.

자신의 유튜브가 인기가 없어지는 게 두려운 승리는 다시 인기를 끄는 영상을 올리기 위해서 전전긍긍한다. 승리는 동생 유리를 설득해 남매 꼼수 영상도 찍어 보고, 여러 가지 아이디어를 내 보았으나 그다지 효과가 없다. 영상을 찍도록 도와주던 동생 유리도 영상을 찍지 않겠다고 하고 엄마, 아빠도 승리의 유튜브를 반대하자 승리는 난감해진다.

한편 승리는 평소 자신의 간식을 만들어 주는 사람쯤으로 생각했던 할머니가 독립해 버리자 생활의 불편함을 겪는다. 할머니는 절대 승리네 집에 가지 않으려고 한다. 그래서 승리와 유리는 이사한 할머니 집에 놀러 간다. 할머니는 승리에게 간식을 만들어 준다. 그 간식을 먹던 승리는 갑자기 좋은 아이디어가 떠오른다. 할머니가 간식 만드는 것을 촬영해서 유튜브에 올리고 채널명도 '새참 할머니'로 바꾼다.

승리는 새로운 콘텐츠를 찾고, 할머니에게는 새로운 삶의 의미를 드린다.

시크릿한 책 속 비밀

초등학생 희망 직업에서 늘 상위에 있는 크리에이터. 4차 산업혁명 시대를 예측할 때도 빠지지 않는 직업이죠. 이 책은 크리에이터가 되고자 하는 초등

학생 승리의 이야기예요.

지금 초등학생들은 4차 산업혁명 시대에 살아갈 미래의 주역들이며 창의적인 콘텐츠를 누가 더 스마트하게 창출하느냐에 따라 스펙이나 인생의 성공 여부가 달라져요. 시대의 흐름을 따라가려면 누구나 크리에이터가 되어야 해요.

그래서일까요? 초등학생 때 유튜브를 하는 아이들이 참 많아요. 중학생들과 이야기해 보면 대부분 초등학교 4, 5학년쯤 잠깐 하다가 그만둔 경우가 많더라고요. 문제는 유튜브를 그만두며 사이트의 아이디와 비번을 잊는다는 거예요. 그 영상은 '영원한 흑역사'로 인터넷 어딘가에 남아 있는 거죠. 지울 수도 없는 상태로요. 선생님과 친해지면 아이들은 상대의 흑역사를 선생님께 이르느라 바빠요. 아이들이 그 영상을 올릴 때는 자신에게 '흑역사'가 될 거라는 생각을 하지 못하죠.

아이들은 미래의 꿈을 정할 때 그 일이 갖는 의미와 보람, 겉으로 보이는 화려함이나 경제적인 부분만 중요하게 생각하는 경우가 있어요. 또 그 직업이 갖는 사회에 대한 공헌은 뒷전인 경우도 많고요. 이 책을 읽으면서 그런 점을 생각해 보면 좋겠어요.

또 할머니를 영상에 올리는 모습을 통해 세대 간의 소통과 관심이 우리 어린이들과 할머니 모두에게 긍정적인 작용을 한다는 것도 보여 줘요. 책을 읽으면서 세대 간 소통에 대해 생각해 보기를 바라요.

부모와 아이의 인사이트 확장을 위한 TIP

• 희망 직업이 있는 학생 비율은 초등학생은 79.1%, 중학생은 63.3%, 고등학생은 76.3%였어요. 희망 직업을 선택할 때 가장 중요하게 고려하는 요소는 '좋아하는 일이라서'(응답자 50.8%)가 가장 높게 나타났답니다. 또한 학생이 인식하는 부모와의 대화 빈도는 아래 표와 같아요. 가정에서 아이의 진로에 관해 얼마나 자주 대화하는지 우리 가정의 상황과 설문조사 결과를 비교해 보면 짐작할 수 있을 거예요.

주제별	빈도별	초등학생(%)	중학생(%)	고등학생(%)
나의 흥미와 적성, 희망 직업(꿈)	두 달에 1회 이하	19.4	11.5	11.0
	월 1~2회 정도	23.2	19.9	20.8
	주 1회 정도	20.6	26.1	26.9
	주 2~3회 정도	18.8	22.1	22.6
	거의 매일	17.9	20.4	18.7
학교 및 학과 선택	두 달에 1회 이하	25.2	11.8	13.9
	월 1~2회 정도	21.1	20.0	21.6
	주 1회 정도	20.1	27.7	27.4
	주 2~3회 정도	17.6	20.7	19.9
	거의 매일	16.0	19.8	17.2
공부(학습)와 성적	두 달에 1회 이하	10.7	8.2	9.0
	월 1~2회 정도	15.5	14.1	17.2
	주 1회 정도	21.1	24.6	26.8
	주 2~3회 정도	24.8	25.3	24.3
	거의 매일	28.0	27.7	22.7

출처: 국가통계포털(2022년)

• 우리 아이들이 희망하는 직업은 어떤지도 살펴볼까요? 2018년부터 4년 간 초등학생 직업 선호도 중 1위에서 5위까지의 변화를 살펴보면 부동의 1위는 운동선수, 그 뒤에 교사와 의사, 크리에이터 등의 순위가 약간씩 변동되어 나타나요.

우리 아이가 희망하는 직업은 무엇인지 이야기를 나눠 볼까요?

	2018년	2019년	2020년	2021년
1위	운동선수(9.8%)	운동선수(11.6%)	운동선수(8.8%)	운동선수(8.5%)
2위	교사(8.7%)	교사(6.9%)	의사(7.6%)	의사(6.7%)
3위	의사(5.1%)	크리에이터(5.7%)	교사(6.5%)	교사(6.7%)
4위	조리사(4.1%)	의사(5.6%)	크리에이터(6.3%)	크리에이터(6.1%)
5위	유튜버(4.5%)	조리사(4.1%)	프로게이머(4.3%)	경찰(4.2%)

어린이를 위한 미래 직업 100

글, 그림 최정원, 정지혜   출판사 이케이북   연계 교과 국어 3-2 6. 마음을 담아 글을 써요.

책 속으로

세상에는 우리가 미처 다 헤아리지 못할 만큼 다양한 직업군이 있다. 불과 십여 년 전까지만 해도 전혀 생각하지 못한 직업이 생겨나고 익숙한 직업은 사라진다.

의학/과학/기술 관련 의사, 간호사, 한의사, 수의사, 약사 등의 직업, 행정/사법/교육 관련 국회의원, 경찰관, 소방관, 외교관, 판사 등의 직업, 언론/문학/방송 관련 기자, 아나운서, 리포터, 작가, 사서 등의 직업, 문화/예술 관련 작곡가, 지휘자, 연주자, 영화감독, 안무가 등의 직업, 패션/미용/요리 관련 모델, 메이크업 전문가, 스타일리스트, 미용사, 귀금속 가공사 등의 직업, 경제/경영/서비스 관련 회계사, 마케팅 전문가, 재무 설계사, 펀드매니저 등의 직업, 그 외 고령화, 정보화 사회로 접어들면서 우리 앞으로 바짝 다가오거나 새로운 첨단 기술에 맞는 데이터 과학자, 가상현실 법률가, 노화 예방 매니저, 나노의사, 인간 신체 제조회사, 약제 농업과 관련한 첨단 직업 등이 책에서 백과사전처럼 펼쳐진다.

그중 한의사라는 직업을 예로 설명하자면, 한의사를 꿈꾼다면 책임감, 따뜻한 마음, 암기력, 한자를 준비해야 한다는 등의 이야기를 다룬다. 학습뿐 아니라 소명 의식까지 아이들에게 직업과 관련해 생각할 거리를 던진다.

여러 직업을 소개한 후에 PART별로 못다 한 이야기를 담아 직업 소개뿐 아니라 직업들의 향후 전망이나 다른 관점에 대해서도 알 수 있다.

시크릿한 책 속 비밀

우리 아이들이 이 시대의 주인공이 되는 때는 과연 어떤 직업이 인기가 있을까요?

10년 전에 오늘날을 예측하기 힘들었던 것처럼 지금 우리가 10년 후를 정확히 예측하기란 어려워요. 급격한 기술의 발달로 세상이 빠르게 변화하고 있거든요.

　미래에는 상상 속에 존재하던, 혹은 전혀 상상하지 못했던 직업이 새롭게 탄생하기도 하고, 지금 인기가 있고 돈을 잘 버는 직업이라 해도 사라질 수도 있어요. 그렇다고 미래 사회라고 해서 색다르고 새로운 직업들만 있지는 않을 거고요.

　이 책은 현재 사회를 분석하여 미래 유망 직업, 기술 발전과 사회 변화에 맞춘 새롭게 등장할 직업을 소개해요. 직업 소개뿐 아니라 각 직업의 가치, 사명감에 관한 이야기, 각 직업의 장단점도 이야기하죠. '못다 한 이야기'를 통해 직업에 관한 선입견이나 고정관념도 해소할 수 있어요.

　중학생이 되면 여러 지식이 폭발적으로 늘어요. 미래 직업에 대해 꿈이 있는 아이가 과목에 흥미를 느끼거나 동기를 부여하는 데 훨씬 유리하겠죠?

　총 8개의 PART로 이루어진 직업군을 들여다보면 틈새시장을 공략할 다양한 직업들을 만날 수 있어요. 그리고 각 직업을 자세하게 소개해 100개의 직업을 알 수 있고요.

　아이가 잘 알지 못하는 직업, 관심 있어 하는 직업이 무엇인지 아직은 확실히 알기 어려워요. 아이에게 어떤 직업을 가지라고 하기 전에 다양한 선택이 있다는 것을 알려 주고 생각해 보게끔 하면 좋지 않을까요?

부모와 아이의 인사이트 확장을 위한 TIP

• 책에서 본 직업 중에 자신만의 리스트를 만들어 봐요. 해당 직업을 가진 사람 중에 만나고 싶은 롤모델이 있다면 적어 보고, 인물에 대해 좀 더 공부해 봐요.

1. 흥미가 가는 직업

----

2. 내가 자신 있는 직업

----

3. 내가 아는 직업

----

4. 더 알고 싶은 직업

어린이를 위한 바보 빅터

글, 그림 (호아킴 데 포사다·레이먼드 조 원저)전지은, 원유미   출판사 한국경제신문사(한경비피)

책 속으로

빅터는 어려서부터 말더듬이였다. 정신과에서 빅터의 지능이 낮다고 말했고, 빅터 역시 실수가 잦았다. 그러나 빅터의 아버지는 언제나 그를 믿고 지지해 주었다.

빅터는 학교에서도 늘 놀림의 대상이었다. 게다가 교무실에서 선생님이 빅터의 아이큐가 73이라고 이야기한 것을 다른 아이가 듣고 소문을 내는 바람에 '바보 빅터'라는 별명이 붙었다. 친구들의 놀림이 심해지자 빅터는 자퇴했고, 아버지가 일하는 자동차 정비실에서 일손을 도왔다.

어느 날 빅터는 한 광고판에 있는 수학 문제를 푼다. 그것은 대기업 애프리에서 낸 문제였고, 그 문제를 푼 빅터는 특별 채용되어 승승장구한다. 그러나 애프리 회장이 해임되고 빅터를 괴롭히던 더프가 경비요원으로 오면서 빅터는 자신감을 잃고 퇴직했다. 아버지까지 사고로 돌아가시자 빅터는 이곳저곳을 누비며 다녔다.

한편 빅터와 같은 반이었던 로라는 집에서 '못난이'라고 불려서 자존감이 매우 낮았다. 작가가 되고 싶었던 로라는 자신의 꿈을 접고 시청 계약직 직원이 되었다. 그러나 늘 글을 쓰고 싶었다. 어느 날 그녀에게 같이 책을 쓰고 싶다고 연락이 왔는데, 그 사람은 빅터와 로라를 가르쳤던 레이첼 선생님이었다.

로라는 기억력의 달인을 만난다. 그는 자신의 아이큐가 가장 높은 줄 알았는데, 빅터라는 사람에 의해 깨졌다고 말한다. 그 말을 듣고 두 사람은 학교에 찾아가 빅터의 아이큐를 확인한다. 73인 줄 알았던 빅터의 아이큐는 173이었다. 이 수치는 샌프란시스코에서 가장 높은 수치였다. 빅터는 멘사 회장까지 된다.

로라는 어머니가 신청한 토크쇼에서 로라가 어렸을 적 너무 예뻐서 유괴당할 뻔해 일부러 못난이라고 불렀다는 사실을 알게 된다. 로라는 그 말을 듣고 자존감이 회복된다.

시크릿한 책 속 비밀

50만 독자가 감동한 베스트셀러 《바보 빅터》!

이 책의 원저자인 호아킴 데 포사다는 세계적으로 유명한 대중 연설가이자 동기부여 전문가예요. 실제로 천재였으나 스스로 바보라 믿으며 17년간을 살았던 멘사 회장 '빅터 세리브리아코프'라는 실존 인물의 이야기를 아이들에게 맞게 재해석한 책이에요. 이 이야기를 통해 살아가면서 포기하지 않는 한 무엇이든 할 수 있다는 '자기 믿음'이 얼마나 중요한지 일깨우며, '어떠한 상황에서도 긍정의 희망을 잃지 말아야 한다'는 교훈을 전해요.

선생님들은 매년 많은 아이들을 만나요. 그중에는 자신감이 넘치는 아이도 있고, 자신의 능력보다 자신감이 없는 아이도 있어요. 3년간 아이들을 지켜보면서 느낀 건 자신감이 있는 아이가 자신이 가지고 있는 능력보다 더 많은 성취를 이루어 낸다는 거예요.

교육 심리학 이론 중에 '피그말리온 효과'라는 것이 있어요. 피그말리온은 그리스 신화에 나오는 인물로, 피그말리온 효과는 교사가 믿는 대로 아이들의 모습이 변화해 간다는 이론이에요. 나와 가장 밀접한 존재는 자신이에요. 자기 스스로를 얼마나 믿어 주는가, 긍정적으로 생각하는가에 따라 얼마든지 달라질 수 있는 거죠.

아픔을 이겨 내고 꿋꿋하게 미래를 향해 나아가는 주인공의 모습을 통해 자신의 소중함을 발견할 수 있어요. 누구에게나 숨겨진 재능과 가치가 잠재되어 있으며, 그것을 찾아낸다면 비상할 수 있어요.

주인공의 모습을 통해 자신만이 가진 장점과 소중함을 발견하는 시간이 되길 바라요.

부모와 아이의 인사이트 확장을 위한 TIP

• 나 스스로 인터뷰를 한다 생각하고 아래 질문에 답을 해 봐요.

1. 진정한 성공은 무엇일까?

----

2. 내가 가장 좋아하는 과목은? 싫어하는 과목은?

----

3. 가장 존경하는 인물은?

----

4. 나의 장래 희망은?

이태석, 낮은 곳에서 진정으로 나눔을 실천하다

글, 그림 채빈, 김윤정   출판사 깊은나무   연계 교과 국어 4-2 9. 감동을 나누며 읽어요.

책 속으로

아프리카 동쪽에 있는 에티오피아의 서쪽 아래 남수단이 있다. 수단은 18세기부터 영국과 이집트의 식민지였다. 수단 북쪽과 남쪽은 인종도, 종교도, 문화도 달라 남수단은 2011년에 독립했다. 유럽 열강들의 개입으로 아프리카의 우분투★ 정신이 퇴색되어 갈 때 진정한 나눔과 사랑이 무엇인지 깨닫게 한 이가 이태석 신부이다.

이태석 신부는 의대를 졸업하고 장래가 보장된 의사라는 직업을 포기한 채, 서른일곱의 나이에 신부가 되었다. 그는 아프리카 중에서도 가장 가난한 동네인 수단의 톤즈 지역으로 떠난다. 그곳은 수십 년간 내전으로 '아무것도 없는' 가난한 지역이었다.

이태석 신부는 한센병 환자들과 스스럼없이 지내며 그들에게 직접 신발을 만들어 신겨 주었고, 밤새워 악기를 배워 남수단 최초의 브라스밴드를 만들었다. 톤즈의 아이들에게는 수학 선생님이자 음악 선생님인 신부님이었다. 휴가차 한국에 들어와서 병원 검진을 받던 중 대장암 말기 판정을 받는다.

결국 이태석 신부는 2010년 1월 17일 선종하였다. 이태석 신부의 이야기는 이후 다큐멘터리 〈울지마 톤즈〉로 제작되어 40만이 넘는 관객이 극장을 찾았고, 그가 남긴 저서 《친구가 되어주실래요?》도 많은 사랑을 받았다. 지금도 여전히 많은 사람들이 이태석 신부의 삶을 기리고 있다.

★ 우분투:
사람은 모두 개인이 아니고 연결되어 있으며 행동 하나하나는 세상에 영향을 준다는 사상

시크릿한 책 속 비밀

　이태석 신부의 베풂과 나눔의 정신이 단지 한순간의 유행으로 끝나는 것이 아니라 아이들에게도 널리 퍼지기를 바라요.

　한 사람의 삶이 얼마나 많은 이들에게 변화를 가져다 주는지 이 책을 보면서 느낄 수 있어요. 진정한 '사랑'의 정신에 대해서요. 한 사람의 생애뿐 아니라 그가 남긴 흔적을 찾아보면 아름다운 삶이 어떤 것인지, 또 그것이 세상을 얼마나 행복하게 하는지를 말해 줍니다.

　오랜 기간 계속된 내전으로 마음에 깊은 상처를 갖고 있는 톤즈의 아이들. 이태석 신부를 통해 누구보다도 맑고 건강한 정신을 가진 아이들로 바뀌어 가는 모습을 보면서 삶에는 환경보다 앞서는 무언가가 존재한다는 것을 느낄 수 있어요.

　이태석 신부가 한국으로 초대한 톤즈의 제자는 의사가 되었고(관련 이야기는 유퀴즈에 소개된 바 있어요. 아이와 함께 찾아보면 도움이 될 거예요. 111회 토마스 타반 아콧 편), 이태석 신부의 이야기는 남수단 교과서에도 실리게 됐어요. 그뿐 아니라 남수단 정부가 이태석 신부에게 외국인 최초로 대통령 훈장을 추서했다는 이야기도 들리고요. 이태석 신부는 이제 세상에 없지만, 그의 사랑은 아직도 살아 숨 쉬고 있어요.

부모와 아이의 인사이트 확장을 위한 TIP

• 남수단에 관해 간단히 살펴볼까요?

남수단 공화국은 아프리카에 있는 내륙국으로, 수도는 주바이다. 북쪽으로는 수단, 동쪽으로는 에티오피아, 남쪽으로는 케냐, 우간다, 콩고민주공화국, 서쪽으로는 중앙아프리카공화국과 접한다. 백나일강 인근에는 농장이 발달하여 농업이 발달했으며, 주변에는 광대한 수드 늪지대(바르 엘 가잘)와 열대우림이 있다. 석유와 천연가스, 금, 은, 망간, 아연, 철, 납, 우라늄, 청동, 코발트, 니켈 등 천연자원이 풍부하다.

18세기 수단은 영국·이집트의 공동 관리라는 명분 아래 영국의 식민지가 되었다. 제2차 세계대전이 끝난 지 11년이 지난 1956년 수단은 영국과 이집트로부터 독립했다. 그러나 내전과 가뭄으로 인해 심각한 기아 상태로 고통받고 있다. 매년 아일랜드의 NGO인 컨선월드와이드(Concern Worldwide), 독일의 NGO인 세계기아원조(Welthungerhilfe) 그리고 미국의 연구기관인 국제식량정책연구소(IFPRI)가 협력하여 발표하는 세계기아지수(GHI)에 따르면 이태석 신부가 선종한 2010년 남수단에서 5세 미만 아동의 31%가 발육 부진이었고 23%가 허약하다고 한다.

2011년 7월 13일 제65차 유엔 총회 본회의에서 남수단의 193번째 유엔 회원국 가입 결의안을 만장일치로 통과시켰다. 이에 남수단은 아프리카 연합의 54번째 회원국이 되었다.

• 유튜브에 '이태석 신부'를 검색해 보면 많은 영상이 있어요. 5분 내외의 영상을 함께 본다면 이해하는 데 도움이 돼요. 2010년에 개봉한 영화 〈울지마 톤즈〉도 함께 보면 더 큰 감동을 받을 거예요.

〈울지마 톤즈〉의 주인공 이태석 신부 1편

소심한 미호 방송 PD 되다 ★학교도서관사서협의회 추천 도서

글, 그림 신승철, 이승연   출판사 주니어김영사   연계 교과 국어 4-2 9. 감동을 나누며 읽어요.

책 속으로

    미호는 모범생이지만 내성적이고 소심하다. 엄마는 돌아가시고, 아픈 할머니를 간호하느라 숙제를 하지 못한 미호의 사정을 알고 있는 담임 선생님은 미호에게 자신만의 꿈을 찾으라고 격려한다.

    미호는 아빠와 함께 최첨단 IT 설비로 만든 아바타 직업 체험장인 드림 판타지를 방문한다. 이곳은 가상 프로그램을 통해 생생한 직업 현장을 경험할 수 있는 곳이다.

    방송 PD가 된 미호는 백혈병에 걸린 소년 가장인 민수를 돕기 위해 희망 콘서트를 기획한다. 희망 콘서트를 성공적으로 개최하고 매년 방송국에서는 아픈 아이들을 위해 콘서트를 열기로 한다.

    다음으로 방송 기자가 된 미호는 동물원을 탈출한 뱅골호랑이를 취재하러 동물원으로 간다. 미호는 호랑이가 도망간 곳으로 추측되는 후룡산에 간다. 호랑이의 흔적을 추적하다가 호랑이와 마주한 미호는 그 장면을 휴대전화로 촬영한다. 그 동영상은 특종이 되고 미호는 보도국 사람들에게 칭찬을 듣는다. 며칠 후 엽사 아저씨가 쏜 총에 맞아 호순이가 죽었다는 소식을 듣는다.

    세 번째로 아나운서 지망생이 된 미호는 아카데미에서 다양한 훈련을 받은 후 방송국 아나운서가 된다. 뉴스 진행자로 뽑힌 미호가 처음으로 뉴스를 진행하던 날, 기자 때 취재한 뱅골호랑이가 죽었고 어미를 잃은 새끼 호랑이가 슬퍼한다는 소식을 보도한다. 미호는 보도 도중 눈물을 흘려 시청자들의 공감을 얻는다.

    세 가지 체험을 마친 미호는 방송국에서 일하고 싶다는 꿈을 분명히 결정한다. 아빠는 미호를 지지하기로 약속한다.

시크릿한 책 속 비밀

　이 책은 다른 책들과 달리 직업에 대한 정보를 나열하지 않고 주인공이 판타지를 겪는 내용이요. 주인공은 특정 직업인이 되어 가상으로 체험하게 되지요. 그래서 마치 진짜 그 직업인이 된 것처럼 구체적으로 알게 해 줘요. 직업은 다른 사람과 세상에 도움이 되는 의미 있는 일임을 알려 주기도 해요.

　책에서 비슷한 직군의 세 가지 직업을 체험해 봄으로써 자신의 성향에 맞는 직업을 선택하고, 정보 코너를 통해 그 직업을 얻기 위해 필요한 자질과 미래의 전망, 근무처, 하루의 일과 등도 알 수 있어요.

　이 책의 시리즈를 통해 여러 직업을 만나 보면 자신의 꿈을 좀 더 구체적으로 정하는 데 도움을 줄 거예요. 여러 직업을 간접적으로 체험해서 새로운 직업에 대한 호기심도 키우고, 만약 내가 저 직업을 갖게 된다면 어떨지 상상해 볼 수도 있고요. 부모님과 아이가 함께 보기를 추천해요.

부모와 아이의 인사이트 확장을 위한 TIP

- 방송과 관련된 직업을 알아 봐요.

방송이 만들어지려면 방송에 나오는 사람들만 중요한 게 아니랍니다. 방송은 수많은 사람의 노력이 모여서 만들어져요. 그럼 방송을 만드는 직업에는 어떤 것이 있을까요? 몇 가지를 더 살펴볼까요?

첫째, 방송감독이에요. 방송감독도 연극이나 영화, 방송에 따라 다양해요. 연출에 필요한 촬영, 무대장치, 편집 등의 기술적인 업무를 계획하고 촬영한답니다. 방송감독도 여러 분야로 나뉘어요. 대본을 검토하고 장면의 해석, 촬영 효과 등을 살피는 촬영감독, 촬영 기록을 검토하며 연결, 삭제 부위를 결정하는 편집감독, 방송 프로그램의 제작기술 업무를 총괄하는 방송기술감독, 각본에 맞는 장면을 디자인하고 미술팀원의 활동을 감독하는 미술감독, 기획된 광고 표현물을 제작하는 광고제작연출감독, 방송 관련 음향을 총괄하는 음향감독, 음악을 선정하거나 작곡 및 편곡하는 음악감독 등이 있어요.

둘째, 시나리오 작가와 구성 작가예요. 시나리오 작가는 영화 시나리오, 연극 대본, 드라마 극본 등을 창작하고, 구성 작가는 드라마를 제외한 프로그램들의 기획과 구성, 대본 작성 등에 참여해요. 완성도 높은 프로그램을 위해서 글 쓰는 일 외에도 출연자 섭외, 촬영, 편집 등에 관여하기도 해요. 언어 감각과 문장력, 표현력, 창의력, 추리력 등이 필요하고 다양한 분야에 관심도 있어야 해요. 또 많은 사람과 접촉해야 한답니다.

셋째, 리포터, 아나운서, 기자 등 뉴스나 시사 문제, 각종 정보를 전달하거나 프로그램을 진행하는 사람들도 있어요. 표준어와 바른 우리말을 구사해야 하고 정확한 발음, 풍부한 표현 능력 등 언어 감각, 사회에 대한 깊은 이해, 순발력, 호감과 신뢰감을 주는 외모와 말투도 필요해요. 다양한 계층의 사람들을 만나기 때문에 의사소통 능력도 필요해요.

넷째, 분장사예요. TV에 나오는 사람들은 대부분 화장을 한답니다. 분장사는 프로그램의 성격에 맞게 분장하거나 화장을 해 줘요. 색에 대한 미적 센스, 인물에 맞는 분장 기법을 고안할 수 있는 창의력, 꾸준히 노력하는 성실성 등이 필요해요. 고객을 상대하는 서비스직이니 원만한 대인관계는 필수겠죠.

이 외에도 우리가 즐겁게 보는 TV 화면 이면에는 많은 사람의 노력이 숨어 있답니다. 내가 보고 있는 TV 화면 속에 또 어떤 분들의 노고가 숨어 있는지 생각해 보는 건 어떨까요?

부가정보 함께 읽으면 좋은 책

생생한 현장을 바탕으로 쓴 직업 체험 이야기를 통해 아이들이 스스로 적성을 발견하고 직업인으로 성장할 수 있게 도와주는 〈직업체험동화 시리즈〉

《5학년 2반 오마리 외교관 되다》, 김유리 글/송진욱 그림, 주니어김영사
《선생님이 된 예나의 시간 여행》, 권안 글/이영림 그림, 주니어김영사
《겁 많은 단비, 연예인 되다》, 길해연 글/강희준 그림, 주니어김영사
《어리바리 지수, 12살에 의사 되다》, 신영란 글/배종숙 그림, 주니어김영사

현직 교사가 내 아이에게
몰래 읽히고 싶은

진로도서 50
─ 고학년

꼴찌, 세계 최고의 신경외과 의사가 되다

글 그레그 루이스, 데보라 쇼 루이스   출판사 알라딘북스   연계 교과 국어 5-1

책 속으로

벤 카슨은 미국 디트로이트 빈민가에서 태어나 8살 때는 부모의 이혼으로 홀어머니 밑에서 가난하게 자랐다. 그는 흑인이라는 이유로 백인 친구들에게 따돌림을 당하는 등 인종차별도 겪었다. 벤 카슨은 5학년 때까지 구구단을 외우지 못해서 학교에서 바보라고 놀림 받고 반에서는 늘 꼴찌를 도맡아 했다.

그러나 벤 카슨의 어머니는 아들을 믿고 마음만 먹으면 무엇이든 할 수 있고, 꿈을 이룰 거라며 응원한다. 벤 카슨의 어머니는 식모 생활을 하면서 사회적으로 존경 받는 집은 조용하고 책을 읽는 분위기라는 것을 깨닫고, 자신의 아들들을 도서관에 데려간다. 그리고 어떤 책이든 상관없으니 일주일에 책 두 권씩을 읽게 했다. 그러나 벤 카슨은 도서관의 책을 전혀 이해할 수 없었다. 그래서 벤 카슨은 자신의 학년보다 수준이 훨씬 낮은, 그림이 많은 자연학습도감 상, 하권을 6개월간 반복해서 꾸준히 읽었다. 그리고 형제끼리 철길에서 돌 이름 맞추기 게임을 했다.

어느 날 수업 시간 선생님이 아이들에게 암석 3개를 보여 주며 무슨 암석인지 이름을 맞춰 보라고 한다. 벤 카슨이 손을 들었지만 선생님은 벤 카슨이 수업을 방해하기 위해 손을 들었다고 생각해 화를 낸다. 그러나 벤 카슨이 쉽게 암석의 이름을 맞추자 어떻게 알았냐고 묻는다. 벤 카슨이 도서관에서 책을 보고 알았다고 하자 교실이 발칵 뒤집어졌다. 결국 벤 카슨은 한 시간 동안 암석 강의를 했다.

처음으로 학교에서 인정받고 자신감을 얻은 벤 카슨은 초등 1학년 교과서부터 모든 학년의 교과서를 읽었다. 그때부터 선생님의 강의가 이해되기 시작했다. 다음 해에 벤 카슨은 전교 1등을 했다. 그는 의대에 진학해 신경외과 의사가 된다. 게다가 그는 세계 최초로 샴쌍둥이 분리 수술까지 성공하기에 이른다.

시크릿한 책 속 비밀

누구나 아이가 자라서 성공하기를 바라요. 성공의 내용은 사람마다 다를 거예요. 그래도 성공하기 위해서는 꿈을 세우고, 목표를 위해 열심히 노력해야 한다는 것을 부정하는 사람은 없을 거예요. 더불어 어려운 이웃에게 용기를 주고 환경을 이겨 낼 수 있게 도와준다면 더욱 의미 있는 일이겠죠.

이 책은 미국 디트로이트 빈민가에서 태어나 어려운 가정환경과 인종차별을 받으면서 꿋꿋이 노력한 소년의 이야기예요.

이 소년은 5학년까지 구구단을 외우지 못해서 바보라고 놀림 받고, 늘 꼴찌였던 아이였어요. 그 소년은 훗날 세계 최초로 샴쌍둥이 분리 수술에 성공하고, '신의 손'이라는 별명을 가진 세계 최고의 소아 신경외과 의사가 되었어요.

상담 주간이 되면 많은 부모님과 상담을 해요. 그때마다 '부모님들이 주어진 여건에서 최선을 다해 자녀를 도우려 애쓰시는구나' 하는 생각이 들어요. 부모의 변함없는 지지와 격려는 아이가 성장하고 진로를 찾는 데 중요한 신념이 된답니다. 벤 카슨 박사도 어머니의 지지와 격려를 바탕으로 스스로의 노력이 합쳐져 성공할 수 있었다고 생각해요.

부모와 아이의 인사이트 확장을 위한 TIP

• 벤 카슨의 삶을 다룬 영화 〈타고난 재능〉(2009)을 아이와 함께 보기를 추
  천해요.

• 《스스로 뒤집는 붕어빵》이라는 책을 아나요? 이 책은 초등 6학년 겨울 '급성림프구성백혈병'이라는 병에 걸려 중학교 기간 내내 항암치료를 받으며 투병 생활을 한 김지명 학생에 관한 이야기예요. 수능은 재수생이 유리하다고 알려져 있어요. 그런데 '불수능'이었던 2019학년도 수능에서 학원과 과외 없이 인터넷강의만으로 현역 고등학생임에도 전 과목 만점을 받고, '서울대 의대 정시'에 수석 입학한 이야기를 담고 있어요. 〈유퀴즈〉라는 프로그램에도 나왔답니다. 아래 큐알코드를 찍으면 영상을 볼 수 있어요. 책도 초등 고학년 정도면 읽을 수 있으니 아이와 함께 읽으면 큰 자극이 될 거예요. 저도 제가 가르치는 중학생들에게 '스스로' 공부하기를 바라는 마음에서 이 책을 자주 추천해요.

유퀴즈 프로그램, 김지명 학생

니 꿈은 뭐이가? 비행사 권기옥 이야기

글, 그림 박은정, 김진화 출판사 웅진주니어 연계 교과 국어 5-2 1. 마음을 나누며 대화해요.

책 속으로

권기옥은 평안남도 평양에서 1901년 4녀 1남 중 둘째 딸로 태어났다. 당시에는 딸은 천대하던 시절이었다. 기옥의 아명(어린이 시절의 이름)을 '얼른 가라, 죽으라'는 뜻의 '갈례'라고 지은 것만 봐도 알 수 있다.

1917년 5월, 아트 스미스라는 미국 사람이 곡예비행을 하러 평양에 왔다. 신기한 '괴물'이 머리 위를 빙글빙글 돌자 권기옥의 심장이 두근거렸다.

당찬 열일곱 살 소녀였던 권기옥은 여자라고, 조선 사람이라고 해서 못할 게 없다며 커서 꼭 비행사가 될 거라고 결심했다.

권기옥은 숭의여학교 3학년에 편입하고, 그때부터 적극적으로 독립운동을 한다. 권기옥에게 경찰의 감시가 점점 심해지자 멸치 배를 타고 중국으로 떠난다. 권기옥은 중국으로 가서 비행사가 되기로 결심한다.

하지만 외국인 여성이 비행 학교에 입학하기란 힘들었다. 비행 학교 네 군데 중 두 군데는 권기옥의 입학을 거절했고, 다른 한 군데에는 비행기조차 없었다. 마지막으로 남은 곳은 운남에 있는 학교였다.

권기옥은 당계요를 만나서 입학 허가를 받는다. 권기옥은 모든 비행 훈련을 견뎌 내고 마침내 힘차게 하늘을 비상한다.

시크릿한 책 속 비밀

이 책은 우리나라 최초의 여성 비행사이자 독립운동가인 권기옥 선생님의 이야기예요. 당시 여성의 인권은 지금 같지 않았어요.

여자아이라는 이유로 이름도 아무렇게나 지어지고, 마음껏 배우지도, 희망을 가지기도 어려웠던 100년 전.

이 책을 통해 여성의 몸으로 비행사가 되기도 어렵던 시절에 독립운동까지

한 권기옥 선생님의 뜨겁고 치열한 삶을 엿볼 수 있어요.

아트 스미스라는 미국인이 조선에 곡예비행을 하러 와요. 비행기를 모르던 사람들에게 그 장면은 아주 충격적인 사건이었죠. 하늘을 나는 쇳덩어리를 본 기옥도 큰 충격을 받았어요. 기옥은 그때부터 하늘을 날고 싶다는 꿈을 꿔요.

독립운동을 하던 기옥은 붙잡히고 고문당하기를 여러 번, 한 번 더 붙잡히면 죽을 것 같아 중국으로 밀정해요. 비행사가 되어 일본과 싸우겠다는 다짐은 더 단단해진답니다. 기옥의 삶 어디를 살펴봐도 아이들이 생각할 거리가 가득 해요.

아이들은 특정한 분야에 흥미를 느끼며, 미래에 무엇이 되고 싶다고 꿈꾸기도 해요. 이때 어떤 역할 모델을 찾느냐에 따라 미래의 청사진은 변화무쌍해진답니다. 이런 숨은 영웅의 이야기를 다룬 위인전을 읽으며 아이들이 올바른 역할 모델을 찾기를 바라요.

• 《니 꿈은 뭐이가?》 책처럼 '여성의 꿈'이나 여성이 독립운동의 중심이 되는 이야기가 많이 있어요. 이런 이야기들을 담고 있는 영화를 몇 가지 살펴볼까요?

〈EBS 역사채널〉 권기옥 '꿈을 가지라우'에서 이 이야기를 다뤘어요. 5분 30초 정도의 짧은 영상이니 금방 볼 수 있어요. 아래의 큐알코드로 접속해 봐요.

EBS 역사채널, 권기옥 이야기

• 독립운동가의 어머니라 불리던 남자현 독립운동가를 알고 있나요? 남자현 독립운동가의 이야기를 모티브로 한 영화가 있어요. 2015년 7월 개봉한 〈암살〉이라는 영화랍니다. 영화를 보면 그중에서 특히 여성 독립운동가의 삶과 권기옥 비행사의 이야기가 겹쳐질 거예요.

• 여성 차별은 우리나라에만 있었던 일이 아니에요. 미국에서도 흑인, 여성이라는 이유로 차별을 받았지만 이를 이겨 낸 여성들이 있어요. 2016년에 개봉한 〈히든 피겨스〉라는 영화예요. 1958년 미국 NASA에서 진행했던 머큐리계획★의 숨은 영웅들의 이야기예요. '천재성에는 인종이 없고, 강인함에는 남녀가 없으며, 용기에는 한계가 없다'는 포스터 내용을 생각하면서 영화를 감상하기를 추천해요.

★ 머큐리계획:
미국 최초 유인 우주비행 계획으로 소련의 유인 우주비행을 1959년으로 예상하고, 이를 앞지르기 위해서 1958년 NASA에서 착수했다. (출처: 네이버 지식백과)

꽃들에게 희망을

글, 그림 트리나 폴러스 출판사 시공주니어 연계 교과 도덕 5-1 우리가 만드는 도덕수업1

책 속으로

아주 옛날 작은 호랑 애벌레 한 마리가 알을 깨고 나왔다. 호랑 애벌레는 아무 생각 없이 잎을 먹으며 생활한다. 그러던 어느 날 호랑 애벌레는 애벌레 더미로 이루어진 기둥을 발견하고 다른 삶을 기대하며 그 기둥을 오르기 시작한다. 꼭대기에 무엇이 있는지 보이지는 않지만 다들 올라가자 자신도 올라가겠다며 애벌레 자신들의 몸으로 탑을 쌓은 것이다. 서로가 서로의 탑의 재료가되어 다른 애벌레들을 따라 위로 올라가던 호랑 애벌레는 노랑 애벌레를 만나고 사랑에 빠진다.

두 애벌레는 기둥에 오르는 것을 포기하고 내려와 마음껏 풀을 뜯어 먹고신나게 놀며 사랑을 키워 나간다.

하지만 호랑 애벌레는 애벌레 기둥의 끝에 뭐가 있는지 계속 궁금하다. 결국 호랑 애벌레는 다시 탑을 올라가기로 결정하고 노랑 애벌레는 그냥 남기로한다. 호랑 애벌레는 애벌레 기둥을 오르다가 자꾸 떨어졌지만 포기하지 않고끝까지 올라간다.

홀로 남겨진 노랑 애벌레는 정처 없이 헤매다 나비가 되려고 고치를 만드는늙은 애벌레를 만난다. 노랑 애벌레는 나비를 꿈꾸며 고치를 만들고 나비로다시 태어난다.

호랑 애벌레는 다른 애벌레들을 짓밟으며 기둥을 오른다. 그렇게 기둥에 끝에 선 호랑 애벌레는 그 끝에 아무것도 없음을 알고 충격을 받는다. 그런 허무한 탑이 여기저기 많이 보였고, 탑 꼭대기에 도착한 애벌레들은 이 사실을 알리지 않는다.

그때 호랑 애벌레 앞에 나타난 노랑 나비. 호랑 애벌레는 노랑 나비를 따라가 고치를 만들고 나비가 된다.

시크릿한 책 속 비밀

《꽃들에게 희망을》은 1972년 출간 이후 지금까지도 전 세계적으로 수백만 부가 팔리며 많은 사랑을 받고 있는 베스트셀러예요.

이 책의 작가 트리나 폴러스는 전 세계에 희망을 전하는 일을 인생 목표로 삼고, 목표를 이루기 위한 최상의 방법이 책이라고 생각했다고 해요. 그 결실로 이 책이 탄생한 거죠. 그녀는 영문판에 직접 글씨를 쓸 정도로 작품에 많은 노력을 기울였어요. 한국어판을 출간할 때도 서문(채택되지는 않았지만)과 작가의 말을 다시 쓰면서까지, 한국 독자들에게 희망을 전파하려 했어요.

이 책은 1999년 6월 국내에 처음 소개된 이후, 독자들에게 꾸준히 희망을 전하고 있어요. 저도 이 책을 읽고 무척 감동 받았어요. '책 속으로'에서 줄거리를 보는 데 그치지 않고 꼭 책을 완독하기를 권해요. 책을 읽으면 또 다른 감동을 받을 거라고 확신해요. 책도 얇고 그림도 많아 금세 읽을 수 있답니다.

이 작품은 먹고 살아가는 것 이상을 추구하는 노랑 애벌레와, 무작정 다른 애벌레들을 따라 애벌레 기둥을 오르는 호랑 애벌레의 이야기를 담고 있어요.

결국 이 두 애벌레는 서로 다른 길을 가죠. 노랑 애벌레는 애벌레로 사는 것에 대해 고민하다가 고치를 만들어 아름다운 나비로 다시 태어나요.

한편, 애벌레 기둥의 끝까지 올라간 호랑 애벌레는 다른 애벌레를 무참히 짓밟으며 올라온 이곳이 아무것도 아니었음을 알게 돼요. 그러나 다행히 노랑 나비가 나타나 도움을 줘요. 그 덕에 호랑 애벌레도 고치를 만들고 나비가 돼요. 어떻게 사는 게 진짜 제대로 사는 것인지 고민하게 해 주는 책이에요.

이 두 애벌레가 나비가 되는 과정은 많은 이들에게 꿈과 용기와 희망을 줄 거예요. 책 속의 짧고 단순한 문장들이 읽는 내내 머리와 가슴을 툭툭 친답니다.

부모와 아이의 인사이트 확장을 위한 TIP

• 책을 읽은 후 아이와 함께 대화를 나눠요.

• 짧은 감상문 쓰기(줄거리는 빼고 느낀 점이나 생각만 써 보자.)

열두 사람의 아주 특별한 동화

글 송재찬 출판사 파랑새어린이 연계 교과 국어 6-2 1. 작품 속 인물과 나

책 속으로

　각각 다른 직업을 가진 사람들을 주인공으로 세워 그들의 삶과 직업의 의미를 그린 특별한 동화 모음이다.

　간호사, 기관사, 농부, 환경미화원, 광부 등 우리 삶에서 다양한 모습으로 영향을 주는 각 인물들의 모습을 어린이들에게 알려 준다. 열두 명의 작가가 화려하진 않지만 맡은 일에 성의와 책임감을 가지고 임하는 성실한 삶의 모습을 보여 준다.

　'로봇을 좋아하는 수빈이'는 환자를 가족처럼 생각하고 돌보는 간호사의 이야기가 담겨 있다. 간호사 소정은 장난감 가게에서 다리가 튼튼하고 날개가 달린 로봇을 고른다. 수빈에게 주기 위해서다. 수빈이는 모야모야병으로 소아병동에 입원한 소정의 첫 환자이다. 수빈이의 병이 나빠지지 않도록 옆에서 항상 살뜰히 챙긴다. 소정의 이야기를 통해 간호사들의 삶을 엿볼 수 있다.

　'늙은 기관사'는 기관사인 할아버지가 철도박물관에 놓인 기관차를 보며 철도가 중요한 교통수단이었을 때의 기억을 떠올린다. 기차는 신작로를 달렸고, 그 뒤로 멋진 풍경이 펼쳐졌다. 평생을 기차와 함께했으나 시간이 지나면서 기차는 점차 잊혀졌다. 늙은 기관사도 세월과 함께 기차를 떠나 보낸다.

　'논두렁에서 부는 휘파람'은 화려한 생활을 찾아 다른 도시로 떠나 버린 사람들이 있으나 동훈이네 아버지는 열악한 농촌 환경에서 땅을 지켜야 한다며 농사를 짓는다. 동훈이 아버지는 동훈이에게 농사를 지으라고 하자 엄마가 도시에 가서 살라고 이야기한다. 동훈이 아버지는 자기처럼 농사짓지 말고, 첨단 기술로 농사를 지으면 된다고 이야기한다.

　'손수레에 핀 사랑의 꽃'에서 용인이는 아버지가 청소부라는 사실을 부끄러워한다. 아버지가 팔을 다치자 용인이는 아버지를 도와 손수레를 밀고 쓰레기를 모은다. 골목 사람들은 용인이에게 아버지의 칭찬을 한다. 용인이는 골목

사람들이 아버지를 대하는 모습을 보고 아버지를 이해하게 된다.

'아빠의 까만 얼굴'은 주인공의 아빠가 사업에 실패한 후 친구가 있는 강원도 태백에서 광부 일을 시작한다. 아버지는 일이 너무 힘들어 삶을 포기하려다 아들이 준 수호천사 인형을 본다. 아버지는 친구에게 사무실에만 앉아 있던 사람이라고 무시하지 말라며 힘을 내서 일한다.

'최 씨 아저씨의 크리스마스'에서 우체국 배달을 하는 최영식 씨는 집집마다 우편물을 챙긴다. 크리스마스이브에 중국에서 아이에게 보낸 아버지의 선물을 전해 주려 하지만 집에 사람이 없다. 소포를 두고 오다 눈이 오는 걸 보고 선물이 젖을까 봐 다시 가서 현관 앞으로 옮긴다. 춥고 바람이 불지만, 최영식 씨는 언제나 최선을 다해 우편물을 배달한다.

'우리 좋은 선생님'에서 조우진 선생님은 50세로 퇴직할 나이인데 늘 학생들을 진심으로 대하고 학교 일도 솔선수범한다. 처음에는 나이 많은 선생님이라며 아이들과 학부모들이 실망한다. 하지만 아이들을 일일이 불러서 안아 주는 모습, 아이들에게 많은 것을 알려 주려고 영어와 컴퓨터도 열심히 배우는 선생님의 모습을 보고 학생과 학부모들의 마음이 열린다.

'삼거리 파출소 차 순경의 24시간'은 마을을 순찰하며 부인 혼자 있는 집을 터는 범죄자를 잡는 차승호 순경의 이야기가 담겨 있다. 경찰이 없었다면 이런 범죄자를 잡기 힘들 것이다.

'푸른 바다 신호등'은 태풍에 섬을 위해 등대를 지키는 김일남 씨의 이야기이다. 등대를 지키던 어느 날 태풍이 와 등대의 불이 꺼진다. 거친 파도를 이겨 내고 지나가는 배의 안전을 위해 등대의 불을 고치러 가는 등대지기의 이야기를 담고 있다.

시크릿한 책 속 비밀

열두 명의 작가가 각자 한 사람씩의 이야기를 해 줘요.

이 세상에는 저마다 하는 일은 다르지만 꿈을 가지고 희망차게 살고 있는 사람들이 많아요. 누구나 좋아하고 하고 싶은 일이 아니라, 힘들고 어려운 일이지만 최선을 다하는 사람들이 있어요. 그래서 직업에는 귀천이 없고, 모든 직업이 다 중요해요.

이 책은 자신을 희생하는 아름다운 사람들의 이야기에 귀 기울여요. 제 자리에서 자신이 맡은 일을 위해 최선을 다하는 열두 사람의 소중한 일상을 살펴보고자 한 거죠.

아이들이 이 동화를 읽으면서 자기가 맡은 일에 책임을 다하는 사람이 아름답다는 점을 생각하고, 가장 소중한 것에 대해 다시 한 번 생각하는 시간을 가지면 좋겠어요.

부모와 아이의 인사이트 확장을 위한 TIP

- 책에서 가장 인상 깊었던 에피소드의 주인공에게 편지를 써 봐요.

에게

가

세계를 움직이는 국제기구 ★행복한아침독서 추천 도서

글, 그림 박동석, 전지은   출판사 봄볕   연계 교과 사회 6-1 2. 우리나라의 정치 발전

책 속으로

　다양한 방법으로 국제기구에 대한 정보를 제시하는 사회 학습 책이다. 먼저 '한눈에 보는 세계의 국제기구' 지도를 통해 국제기구 본부가 어느 나라 어느 도시에 자리 잡고 있는지, 국제기구의 상징 마크는 무엇인지 등을 확인할 수 있다.

　유엔, 국제원자력기구, 세계무역기구, 국제올림픽위원회, 국제보건기구 등 국제사회에서 중요한 일을 하는 국제기구 17가지를 한눈에 살펴볼 수 있다.

　각 국제기구의 정식 명칭과 함께 상징 마크와 설립연도, 본부의 위치, 가입국 수, 우리나라 가입연도 등도 살필 수 있다. 각 국제기구 본부 사진과 주요 활동 사진, 기구표 등이 제시되어 내용 이해를 돕는다.

　그중 유엔교육과학문화기구(UNESCO)를 간단히 살펴보면 유네스코의 설립연도는 1945년으로 본부는 프랑스 파리에 있다. 우리나라가 유네스코에 가입한 연도는 1950년이고, 현재 가입국은 정회원국만 193개국이다. 유네스코는 유엔교육과학문화기구(United Nations Educational Scientific and Cultural Organization)의 영문 머리글자를 하나씩 따서 만들었다. '펜은 칼보다 강하다'는 영국 소설가 에드워드 리턴의 말이 있다. 그 말처럼 유네스코는 교육, 과학, 문화 등의 여러 분야에서 서로 협력해 세계 평화와 인류의 발전을 위해 만들어진 국제기구이다. 유네스코가 하는 일 중 가장 많은 사람들에게 알려진 것이 세계의 위대한 문화유산을 지정해 보호하는 것이다.

시크릿한 책 속 비밀

각 나라마다 경제적, 정치적, 사회적, 지리적 환경이 모두 달라요. 국제사회가 발전하면서 나라와 나라의 관계는 늘 변화하고 있어요. 국제 무역이 늘면서 나라 간의 교류 역시 중요해졌지요. 이제 어떤 나라도 혼자 힘으로 살아가기란 불가능하다는 뜻이에요. 전 세계 국가들은 협력하고 때론 경쟁하면서 다양한 갈등을 겪기도 한답니다.

몇십 년 전까지만 해도 많은 나라는 자국의 이익을 위해 끊임없이 서로 빼앗고, 빼앗기는 전쟁 속에서 살아왔어요. 물론 지금도 전쟁이 완전히 사라진 것은 아니지만 예전만큼 일어나지는 않아요. 전쟁을 하면 승전국과 패전국 모두 큰 피해를 입을 뿐 아니라 전쟁으로 파괴된 시설들을 복구하는 데 어마어마한 자원과 시간이 필요하다는 사실을 깨달았기 때문이에요. 그래서 모두가 잘 살고, 행복한 길을 찾았어요. 국제기구들은 국제사회의 이런 필요에 의해 만든 거죠.

국제기구는 주권을 가진 두 개 이상의 나라들이 조약에 의해 만든 국제협력 단체예요. 국제기구는 국제법에 의해 설립되며 독자적인 지위를 갖는답니다.

《세계를 움직이는 국제기구》를 읽으면 세계 곳곳에서 일어나는 심각한 갈등이나 문제를 조정하는 국제기구들의 역할을 알 수 있어요.

우리 아이가 국제기구에서 일한다면 어떨까요? 생각만 해도 설레지 않나요? 이 책은 좀 더 넓은 세상에서, 다양한 국적의 사람들과 어울려 세계의 발전과 행복을 위해 일하는 사람들의 모습을 볼 수 있어요. 책을 다 읽고 나면 아이들은 더 넓은 시야를 갖게 될 거예요.

부모와 아이의 인사이트 확장을 위한 TIP

- 국제기구에 대해 책에서 읽은 내용을 정리해 볼까요? 다음 페이지에 나오는 것처럼 마인드맵으로 국제기구의 명칭과 상징 마크를 함께 기록해 두면 한눈에 볼 수 있어 기억에 더 오래 남아요.
  이후 관심 있는 국제기구는 다른 책을 참고하여 구체적으로 무슨 일을 하는지, 어떤 인물이 활동했는지 등 더 깊이 알아보는 시간을 가져 봐요.

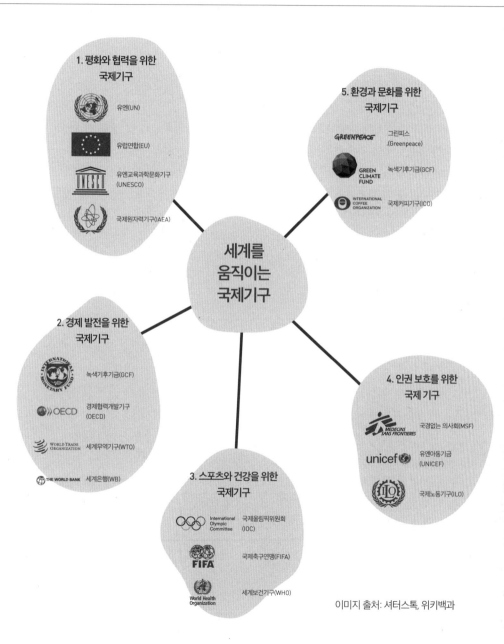

1. 평화와 협력을 위한 국제기구
- 유엔(UN)
- 유럽연합(EU)
- 유엔교육과학문화기구 (UNESCO)
- 국제원자력기구(IAEA)

5. 환경과 문화를 위한 국제기구
- 그린피스 .(Greenpeace)
- 녹색기후기금(GCF)
- 국제커피기구(ICO)

세계를 움직이는 국제기구

2. 경제 발전을 위한 국제기구
- 녹색기후기금(GCF)
- 경제협력개발기구 (OECD)
- 세계무역기구(WTO)
- 세계은행(WB)

4. 인권 보호를 위한 국제 기구
- 국경없는 의사회(MSF)
- 유엔아동기금 (UNICEF)
- 국제노동기구(ILO)

3. 스포츠와 건강을 위한 국제기구
- 국제올림픽위원회 (IOC)
- 국제축구연맹(FIFA)
- 세계보건기구(WHO)

이미지 출처: 셔터스톡, 위키백과

열두 살 장래 희망

글, 그림 박성우, 홍그림   출판사 창비   연계 교과 도덕 4-1 3. 아름다운 사람이 되는 길

책 속으로

　'직업'이 아니라 '꿈'에 초점을 맞추어 행복한 미래를 만들어 가기 위한 33
개의 장래 희망을 소개한다.

　이 책은 '장래 희망이 꼭 직업이어야 할까?' 이런 의문으로 첫 장을 시작한
다. '나는 딱히 꿈이 없는데', '장래 희망을 찾으려면 어떻게 해야 하지?', '나는
어떤 사람이 되어야 하지?' 등의 고민은 어린이뿐 아니라 청소년, 어른에게도
해당된다. 그런 점에서 '나는 어떤 사람일까? 어떤 사람이 되고 싶을까?'를 생
각할 수 있는 책이다.

　이 책은 순서대로 읽기보다 자신이 궁금한 직업부터 읽기를 권한다. 목차를
보면 무엇이든 잘 고치는 사람, 행복한 상상을 많이 하는 사람, 운전을 잘하는
사람, 비밀을 잘 지키는 사람, 자전거를 잘 타는 사람 등 자신이 제일 끌리는
단어가 있을 것이다.

　'아는 게 많은 사람'이 되고 싶다면 '백과사전처럼 아는 게 많은 사람' 부분
을 펼쳐 보자. 아는 게 많은 사람은 무엇을 물어보든 대답할 수 있다. 파충류와
양서류의 차이점이나 무당벌레의 종류에 대해 말해 줄 수도 있다. 모르는 걸
알아 가는 기쁨은 정말 크다. 백과사전처럼 아는 게 많다는 것은 잘난 척하거
나 우쭐거리는 게 아니라 책에 대해 더 많이 알고, 더 깊이 읽는 것이다. 백과
사전처럼 많이 알려면 책을 많이 읽어야 하고 다양한 분야에 호기심도 많아야
한다. 일상생활 속에서 더 많은 것을 느끼고 더 깊이 있는 기쁨도 누린다.

　아름다운 내일을 상상하면서 색다른 꿈을 계획해 보는 것은 물론, 다른 사
람들과 행복하게 살아가는 방법을 고민해 볼 수 있다.

시크릿한 책 속 비밀

이 책은 《아홉 살 마음 사전》의 저자인 박성우 작가가 썼어요.

어른들은 아이들에게 장래 희망이 무엇이냐고 쉽게 질문해요. 그러나 아이들은 아직 자신이 뭘 해야 할지 잘 몰라요. 고등학생들도 자신의 장래 희망에 대해 결정하지 못한 경우가 많거든요. 중·고등학교에서도 진로나 진학 상담을 할 때 꿈보다는 직업에 초점을 두는 편이에요.

어른들의 시선으로는 '장래 희망=꿈=직업'이라는 공식이 당연해요. 장래 희망을 고민할 때 우리는 운동선수, 요리사, 대통령, 과학자, 가수, 소방관, 우주 비행사 등 여러 가지 직업을 떠올리곤 하잖아요. 그러나 초등학생은 벌써부터 직업을 찾기보다는 꿈을 꾸어야 해요.

4차 산업혁명 시대가 오면서 사람들이 자신이 좋아하는 것을 꾸준히 즐기다가 유명해져서 직업으로 이어지는 경우를 많이 봐요. 옛날에는 직업이라고 생각하지 않았을 것들이죠. 예를 들어 어른인데 장난감을 갖고 노는 것을 좋아해서 장난감으로 노는 영상을 올리다가 그것이 직업이 되는 경우도 있고, 먹는 것을 좋아해서 먹방 영상을 찍는 게 직업이 되는 경우도 있어요. 그런 걸 보면 직업은 삶의 한 부분이라는 생각이 들어요.

장래 희망이 단순히 직업을 선택하는 데 그치면 안 된다고 생각해요. 자신이 좋아하는 것을 찾아서 즐겁고 행복하게 살아가는 미래가 장래 희망이 되어야 해요. 이 책에서 제시하는 장래 희망은 직업이 아니므로 여러 가지를 꿈꿀 수 있어요. 이렇게 다양한 장래 희망을 통해서 자신이 좋아하는 것은 무엇인지, 자신이 꿈꾸는 미래는 어떤 모습인지 상상해 봐요. 그러면 내 삶에 어울리는 직업이 무엇인지도 자연스럽게 떠오를 거예요. 그것이야말로 진로 고민의 진정한 첫걸음이라고 생각해요.

부모와 아이의 인사이트 확장을 위한 TIP

• 아이의 꿈이 무엇인지, 엄마의 꿈은 무엇인지, 그 꿈을 이루기 위해 함께 무엇을 하면 좋을지 대화해 보세요. 꿈을 표현할 때는 직업을 이야기하지 말고, '~한 사람'이라는 표현을 써야 해요.

예시) 고학년 아이와 함께 책을 읽고 나눈 대화예요.

엄마 윤아, 넌 뭐가 제일 재미있어?

윤이 음……. 저는 딱히 잘하는 게 없는 것 같아요.

엄마 잘하는 것 말고 좋아하는 거나 재미있는 건 없어?

윤이 아! 좋아하는 거 있어요.

엄마 그게 뭘까?

윤이 저는 레고 부품으로 새로운 걸 만드는 게 좋아요. 잘 만들지는 못하지만 상상한 걸 만들면 재미있거든요.

엄마 오, 그렇구나. 그러고 보니 엄마도 네가 레고로 만든 것들을 보면서 감탄했었어. 그럼 너는 어떤 사람이 되고 싶니?

윤이 직업이 아니라도 돼요?

엄마 그럼 방금 읽은 책에서도 '~한 사람'이라고 되어 있었잖아.

윤이 그러면 저는 '상상한 걸 직접 만드는 사람'이요.

엄마 와! 진짜 멋있다!

윤이 엄마는 뭐가 되고 싶어요? 엄마는 선생님이라는 직업이 있잖아요.

엄마 그렇지. 엄마는 사실 '내 생각을 글로 표현하는 사람'이 되고 싶어.

윤이 엄마, 그럼 꿈을 이룬 거네요? 저 엄마가 글 쓰는 거 봤어요.

엄마 그렇지. 그런데 살면서 여러 생각이 새로 생기거든. 새로운 생각을 계속 글로 쓰고 싶어.

윤이 와! 어른도 꿈이 있을 수 있네요.

엄마 그렇지. 꿈이라는 건 어린이뿐 아니라 어른도 가질 수 있는 거란다. 엄마는 윤이가 지금뿐 아니라 어른이 되어서도 꾸준히 꿈을 간직한 사람이 되길 바라.

나라에 일이 생기면 누가 해결하지?

글, 그림 서지원, 이주윤   출판사 마음이음   연계 교과 사회 4-1 3. 지역의 공공기관과 주민 참여

책 속으로

나라 경제를 계획하는 기획재정부, 학생들의 교육을 책임지는 교육부, 과학을 발전시키는 과학기술정보통신부, 외국과 교류하는 외교부, 남북 평화 통일을 준비하는 통일부, 법과 관련된 일을 도맡아 하는 법무부, 나라를 지키는 국방부, 우리나라의 자긍심을 높이는 문화체육관광부, 나라 산업을 관장하는 산업통상지원부, 국민의 생명을 지키고 관리하는 보건복지부, 깨끗한 나라로 지켜 주는 환경부, 일할 수 있도록 도와주는 고용노동부, 여성, 가족, 청소년들을 위해 일하는 여성가족부, 나라의 발전을 계획하는 국토교통부, 우리나라 바다를 지키는 해양수산부, 소상공인을 돕는 중소벤처기업부 등 정부 부처 중 16개 기관을 책 속에 담았다.

초등학생인 완두와 현지가 주인공으로 등장하는 만화 형식이다. 우리 주변에서 흔히 일어나는 일을 소재로 정부 기관에 대해 재미있게 설명한다. 만화 뒤에 부서를 설명하는 내용이 나온다. 한 부서의 설명이 끝나고 궁금한 부분을 따로 간략하게 설명해 좀 더 세심하게 살필 수 있다.

책 끝부분에 '더 알아 봐요'는 부서가 하는 일, 부서 수장이 하는 일에 대해 설명하거나 본문에서 다루지 않았던 내용을 간략하게 소개해 정부 부처에 대해 두루 안내한다.

그중 외국과 교류하는 외교부의 역할을 살펴보자.

세계에는 200개가 넘는 나라가 있고 각 나라들은 자신의 나라가 더 잘 살도록 여러 방법을 연구한다. 국제사회에서 다른 국가들과 어떻게 지낼 것인지 정하는 것을 외교 정책이라고 하는데 이것이 외교부의 역할 중 하나이다. 또 외교부는 세계에 대한민국을 알리는 일도 한다. 아이돌 가수의 노래와 춤, 한국 드라마, 그 외 각종 우리 문화를 알리기 위해 노력한다. 그뿐 아니라 해외 대사관이나 영사관, 기업들을 통해 해외 경제에 대한 정보를 모아 경제 원칙을 세우고 산업통상지원부를 지원하며 해외 수출을 늘리도록 돕는 일도 한다.

시크릿한 책 속 비밀

흔히 나랏일을 하는 사람을 공무원이라고 해요. 공무원의 인기가 최절정이었던 적도 있었지요. 그런데 생각보다 많은 사람들이 공무원이 무슨 일을 하는지, 공무원의 종류가 무엇인지 명확히 모르는 경우가 많아요. 공무원들이 구체적으로 무슨 일을 하는지 알려면 정부에서 어떤 일을 어떻게 운영하는지 알아야 해요.

대체 정부 기관에는 어떤 부서가 있고, 그곳에서는 어떻게 문제를 해결할까요?

초등학생 완두와 현지가 자신을 비롯해 주변 사람들과 벌어지는 사건을 통해 대한민국 정부 기관들의 하는 일과 역할을 이야기해요.

아이들이 가장 어려워하는 과목 중 하나가 사회라고 해요. 뉴스와 인터넷 매체를 통해 끊임없이 생산되는 다양한 사회 뉴스들. 그러나 정작 사회문제가 어떤 절차와 과정을 통해 해결되는지 아는 사람은 별로 없고 알기도 어려워요.

이 책은 나라 살림과 운영을 하는 주요 부서들의 역할을 들려줘요.

많은 사람이 정치는 국회의원들이 하는 것이고, 나와는 거리가 멀다고 생각해요. 그래서 어떤 기관들이 있으며, 무엇을 정책으로 내놓는지 관심이 없어요. 그러나 정책을 잘 살펴보면 우리 사회에 어떤 문제가 시급하고, 국민들이 무엇을 필요로 하는지 알 수 있답니다.

사회적으로 큰 이슈가 되는 문제들뿐 아니라, 장애인, 결식아동, 다문화 가정, 외국인 노동자, 비정규직, 청소년, 여성, 새터민, 수감자, 소상공인 등 다양한 계층과 사회적 약자들을 위한 정책, 문화재, 국방, 방송, 해외 교류, 중소기업, 환경 등 우리 사회 전반에 관한 다양한 정책들이 있어요. 이런 정책들을 살펴보면 우리 사회의 문제들과 도움이 필요한 이웃에게 관심이 생길 거예요.

이 책을 읽고 다양한 전문성을 띤 정부 기관에서 어떤 정책을 펼치는지 살펴보고 나랏일에 좀 더 관심 갖게 되기를 바라요.

부모와 아이의 인사이트 확장을 위한 TIP

• 정부 기관을 직접 가 볼 수 있는 프로그램들이 많이 있어요.

1. 법무부: 헌법재판소 견학 신청

주소　　　서울 특별시 종로구 북촌로 15 (재동 83)

견학시간　평일 15:00　**견학인원**　최소 20명~최대 50명

신청방법　헌법재판소 홈페이지

　　　　　　견학 예정일의 전월 첫 번째 월요일 오전 9시부터 신청 가능

　　　　　　(첫 번째 월요일이 공휴일이면 다음 날(화) 오전 9시부터 신청 가능)

견학코스　대강당(영상시청 및 헌법재판소 소개) → 중앙로비 → 대심판정 →

　　　　　　백송 및 헌법수호자상 → 도서관 → 전시관

소요시간　80분(초, 중, 고등학생 / 대학생, 일반인, 외국인 코스 구분)

주의사항　부모님도 함께하려면 신청 인원에 부모님 수도 포함시켜야 함

2. 통일부: 판문점 견학 신청

주소　　　경기도 파주시 문산읍 임진각로 148-40

견학시간　매주 일, 월, 목요일 제외한 주 4일 기준으로 운영(유엔사의 휴무일,

　　　　　　군사훈련일 등은 견학 제외)

견학인원　만 8세 이상 대한민국 국민(신청인 포함 최대 5명까지) 신청 가능

신청방법　방문 희망일 전월 10일 오전 10시부터 신청 가능, 2주 전 신청 마감

견학코스　(이동코스) 임진각 '견학 안내소' → 통일대교 → 판문점 JSA 경

　　　　　　비대대(브리핑) → 판문점 (복귀 시 역순으로 이동)

　　　　　　(견학코스) 돌아오지 않는 다리 → 제 3초소 → 자유의 집 → 군정

　　　　　　위회의실(T2) → 공동기념식수장소 → 도보다리 → 장명기 상병

　　　　　　추모비

소요시간　170분
주의사항　군사작전 등으로 취소 가능성 있음, 취소되면 다시 신청해야 함
　　　　　당해 연도 1인 1회만 신청 가능, 단체 및 외국인 견학 미운영,
　　　　　신분증 반드시 소지(미성년자는 여권, 학생증, 학교생활기록부 등)

3. 외교부
　　주소　　　서울특별시 종로구 세종대로 209(세종로)
　　견학시간　매월 1, 3주차 수요일 15:00~17:00 (부처 일정 및 여건에 따라 변동)
　　견학인원　초4 이상 학생 및 일반인 40명
　　신청방법　외교부 홈페이지에서 신청(1인당 본인 포함 총 3명까지 신청 가능)
　　견학코스　외교부 소개 영상 시청 → 외교관과의 만남(강연, 질의/응답) →
　　　　　　　외교관과의 대화(환영 다과회, 30분)
　　소요시간　1시간 30분~2시간
　　주의사항　방문 시 신분증 및 필기구 지참,
　　　　　　　이외에 홈페이지에서 다양한 프로그램 신청 가능

4. 환경부: 토양 지하수 어린이 캠프
　　주소　　　온라인으로 줌(ZOOM)과 유튜브(Youtube) 생중계
　　견학시간　10:00~15:00
　　견학인원　4~6학년, 500여 명 추첨 선발
　　신청방법　토양환경센터 홈페이지(sec.re.kr)에 신청 후 추첨
　　견학코스　토양 및 지하수 생성 과정, 특성 및 기능 등 이론 학습,
　　　　　　　이론과 연계된 실험 및 관찰, 랜선 현장 견학 등으로 구성
　　소요시간　5시간

어린이를 위한 4차 산업혁명 안내서

글, 그림 정윤선, 우연희   출판사 다락원   연계 교과 사회 4-2 3. 사회 변화와 문화의 다양성

책 속으로

　석탄의 힘으로 시작한 1차 산업혁명, 전기의 힘으로 시작한 2차 산업혁명, 컴퓨터로 시작한 3차 산업혁명, 인공지능과 최첨단 IT기술의 4차 산업혁명.

　우리 아이들은 이미 시작된 4차 산업혁명 시대를 살아갈 것이다. 아이들이 어떻게 대비해야 할까?

　이 책은 어린이에게 4차 산업혁명으로 세상이 어떻게 바뀔지 보여 준다. 4차 산업혁명에 관해 핵심 개념을 인공지능, 자율주행차, 드론, 로봇, 챗봇, 빅데이터 3D 프린터, 가상 현실, 웨어러블, 디바이스, 사물인터넷, 클라우드 컴퓨팅, 스마트 시티, 코딩, 블록체인, 공유경제, 에너지 저장 장치 ESS, 신소재, 뇌공학, 포노사피엔스 등 20가지 키워드를 선정하여 한 권에 담았다. 이 핵심 키워드에 대한 질문과 답이 제시된다. 또 99가지의 궁금증을 Q&A 형식으로 담고 있다. 마지막에는 미래 직업 변화에 대해 이야기하여 현재와 미래를 대비한다. 신기한 사례들과 풍부한 일러스트를 제공하여 4차 산업혁명을 재미있게 읽을 수 있다. 그중 3D 프린터에 관해 살펴보자.

1.　3D 프린터는 1984년 미국의 찰스 헐(Charles Hull)이 처음 만들었다. 그러나 비싸고 널리 쓰이지 못했다. 2014년에 특허 사용이 끝나면서 본격적으로 개발되었다.

2.　3D 프린터로 물건을 인쇄하는 방법은 첫째, 물체를 아주 얇게 층층이 쌓아 나가는 방법과 둘째, 재료를 깎는 방법이 있다. 그중 첫 번째 방법이 가장 많이 쓰인다.

3.　2002년 미국 캘리포니아주립대 병원에서 샴쌍둥이 분리 수술을 위해 3D 프린터로 혈관과 뼈 모습을 똑같이 만들어 연습해서 정확히 분리할 수 있었다. 이후 기술이 더 발달해 뼈와 치아를 출력하게 되었다.

4.　3D 프린터로 할 수 있는 가장 의미 있는 일이 있다. 그것은 해외 비영리단체인 '이네이블링 더 퓨처(Enabling the future)'가 하는 일이다. 이

들은 손과 발을 잃은 아이들에게 3D 프린터로 만든 의수를 선물한다. 지금까지 1,000여 명이 넘는 아이들이 희망을 선물 받았다.

5. 실제 NASA에서 개발한 3D 프린터는 뜨거운 열판 위에 밀가루 반죽과 소스, 치즈 등을 출력해 피자를 만든다.

6. 중국 상하이에 3D 프린터로 만든 다리가 있다. 총 길이 26.3m, 너비 3.6m로 진짜 사람이 건널 수 있다.

시크릿한 책 속 비밀

미래의 모습을 상상해 본 적 있나요? 자율주행차가 도로를 다니고 드론이 피자 배달을 하며 가상 현실에서 우주여행을 하는 건 어떨까요?

산업혁명은 기술의 발전으로 사람들이 먹고사는 방식이 변하고, 경제와 사회가 크게 변하는 것을 말해요. 인공지능이 개발되고 정보 통신 기술이 발달하면서 사람들의 사는 모습이 우리가 상상한 것 이상으로 변할 거예요.

우리 아이들은 4차 산업혁명 시대를 어떻게 대비해야 할까요?

이 책에서 4차 산업혁명에 관한 20가지 키워드를 제시하고 있어요. 그 키워드를 따라가면 답을 찾을 수 있어요. 이 20개의 키워드를 바탕으로 4차 산업혁명 시대에 세상이 어떻게 바뀔지 알면 미래를 대비하고, 어떤 일을 하면 좋을지 알 수 있을 거예요.

사진과 그림이 있어 이해도 한결 쉬워요.

생각보다 우리는 4차 산업혁명 시대에 대한 준비가 되어 있지 않아요. 저학년 때 직업, 진로를 위한 큰 바탕을 마련했다면 고학년이 되면 자신에게 맞는 적성을 제대로 파악하고 그에 맞는 구체적인 직업을 찾아야 해요. 특히 미래 직업에 대해 잘 알아두면 직업 선택에 문제가 없을 거예요.

부모와 아이의 인사이트 확장을 위한 TIP

• 4차 산업혁명 시대를 살아가는 아이들에게 가장 필요한 역량은 무엇일까요? 2021년 경기도 교육청에서 KSOI(한국사회여론연구소)에 의뢰하여 만 19세 이상 도내 거주 성인 1,200명을 대상으로 설문조사를 실시했어요. 설문조사 결과 아이들에게 가장 필요한 역량은 창의적 사고(46.6%), 의사소통(15.5%), 협력적 문제 해결(14.7%), 자주적 행동(7.3%), 문화적 소양(5.7%), 비판적 성찰(4.6%), 민주 시민(4.5%)이라고 답했어요.

이와 더불어 4차 산업혁명 교육이 추진되면 교육 현장은 4차 산업혁명 기술을 이해하고 적용하는 교육 과정 강화(49.4%), 학생 특성을 반영한 교육 평가 변화(21.4%), 디지털 교과서 활용 등 교육 방법 변화(14.5%), 무선 인터넷 교실, 학생 개인별 스마트 기기 보급 등 교육 환경 개선(11.4%)이 있을 거라는 결과가 나왔답니다.

많은 학부모가 디지털 기본 소양 교육과 소프트웨어 교육은 4~6학년 때, 인공지능 교육은 중학교 때 시작해야 효과가 있다고 답했어요. 초등 고학년이 되면 4차 산업혁명에 대비해야 한다고 인식하고 있다는 뜻이겠죠. 그뿐 아니라 미래준비위원회에서 발표한 〈10년 후 대한민국, 미래 일자리의 길을 찾다〉 보고서에서 4차 산업혁명 시대에 필요한 역량을 세 가지로 정의하고 있어요.

3대 역량	필요한 이유	세부 역량
도구의 상호작용적 활용 능력	• 신기술에 대한 작요 • 목적에 맞는 기술의 활용 • 세상과의 능동적인 대화	• 다양한 소통 도구 활용 능력 • 지식과 정보 활용 능력 • 새로운 기술 활용 능력
이질적 그룹과의 사회적 활용 능력	• 다원화 사회 다양성의 중요성 • 공감 능력의 중요성 • 사회자본의 중요성	• 협동 능력 • 인간관계 능력 • 갈등 관리 및 문제 해결력
자율적 행동	• 자신의 정체성과 목표의 실현 • 권리 행사와 직업 수행 • 둘러싼 환경과의 기능 이해	• 빅픽처 속에서의 행동 능력 • 인성 계획, 프로젝트를 구상, 실행 능력 • 권리, 관심사, 한계, 필요성을 주장, 옹호하는 능력

뭐가 되고 싶냐는 어른들의 질문에 대답하는 법

글 알랭 드 보통   출판사 미래엔아이세움   연계 교과 국어 5-2 1. 마음을 나누며 대화해요.

책 속으로

책에서 뜻밖의 비밀을 밝힌다. 사실 많은 어른들이 속으로는 자신이 어른이라고 느끼지 않는다. 어른들도 진짜 어른다운 삶이 언제 시작되는지, 여러 문제들에 대한 명쾌한 답은 없는지 궁금해한다. 어른들도 앞으로 어떻게 살아야 할지 계속 고민한다. 지금 직업을 갖고 있는 어른들도 어렸을 때부터 엄청난 계획을 가지고 이 직업을 선택한 것은 아니다.

이 책은 이런 어른들의 비밀을 알려 주며 보다 나은 방향으로 나아갈 방법을 제시한다. 사실 어른들도 자신이 그 직업을 어떻게 알게 되었는지, 어떻게 하다가 지금의 일을 하게 되었는지 제대로 설명하지 못한다.

어떤 직업을 가질지 결정을 도와주는 학교는 없다. 우리는 그저 조종석에 발을 들이고 스스로 하늘로 나는 법을 습득하기를 기대한다. 직업이란 다른 사람의 문제를 해결해 주고, 그 대가로 돈을 받는 것이다. 과거에는 직업의 종류가 많지 않았지만 현대로 올수록 직업의 종류가 많아지는 이유, 직업이 지루한 이유, 좋은 직업과 나쁜 직업은 어떤 게 있는지 설명한다.

월급이 중요한 일을 하고 있느냐 아니냐를 결정하지 않는다. 월급은 단지 그 일을 하고 싶어 하는 사람의 수에 따라 정해진다. 어떤 일을 할 수 있는 사람이 많다면 그 일의 중요성과 상관없이 보수는 적을 수밖에 없다. 반대의 경우라면 아무리 사소한 일이라도 급여는 올라간다. 지금 좋아한다고 해서 그것을 직업으로 삼을 필요는 없다. 살면서 돈을 벌고, 아름다움을 즐기고, 창작하고, 일을 이해하고, 주목 받고, 기술을 익히고, 남을 돕는 데 앞장서고, 누군가를 가르치고, 질서를 만들고, 자연을 즐기고, 독립을 하는 등의 열두 가지 즐거움을 기준으로 직업의 범위를 좁혀 나가야 한다.

마지막으로 나에게 장래희망을 묻고 20대에 무슨 일을 했는지, 언제 그 일을 하고 싶다고 생각했는지, 혹시 그 직업 외에 다른 직업을 생각해 본 적이 있는지 등 어른들에게 직업에 대해 물을 만한 질문을 제공한다.

시크릿한 책 속 비밀

이 책의 저자인 알랭드 보통은 스위스에서 태어나 영국에서 활동하는 작가이자 철학자이며 인생 학교 설립자예요.

어렸을 때 '꿈이 뭐야? 나중에 커서 뭐가 되고 싶어?'라는 질문을 많이 듣지 않았나요? 어른이 되면 이런 질문을 안 들을 줄 알았는데 성인이 되어 직업을 갖게 된 지금에도 이 고민은 계속되는 것 같아요.

이 책은 단순히 앞으로 유망한 직업의 종류나 직장 생활을 위한 노하우를 알려 주지 않아요. 그보단 좀 더 근원적인 것에 대해 질문해요. 그래서 아무도 생각하지 않았고, 알려 주지 않았던 것들에 대해 진지하게 생각하게 해요. 장래 희망을 결정하게 도와주는 나침반 역할을 한다고 할까요?

직업의 본질에 다가서는 질문과 애정 어린 조언을 음미하다 보면 내가 하고 싶은 일, 나에게 맞는 일을 찾을 수 있을 거예요.

저는 가장 흥미로운 부분이 마지막의 '뭐가 되고 싶냐는 어른들의 질문에 대답하는 법'이었어요. 어른의 질문에 호응한 후 친절하게 질문자의 기대와 살짝 다른 방향으로 대답하는 거죠. 나에게 장래 희망을 물은 어른에게 다시 질문으로 대답하는 거예요. 그런 과정을 통해 무슨 직업을 가져야 할지 아직 확실히 모르겠다고 해도 괜찮다는 걸 알려 줘요.

코로나19로 인해 세상이 완전히 바뀌었어요. 이런 사회의 흐름에 유연하게 대처하는 능력이 어느 때보다 중요해졌어요. 이런 시기에 알랭 드 보통의 질문은 더욱 의미가 깊을 거라 생각해요.

책 속의 모든 질문은 '나'를 향해 있어요. '무엇이 되고 싶냐'는 것은 '내가 어떻게 살 것이냐'를 묻는 거거든요. 책을 읽는 동안 끊임없이 자신을 성찰하면서 건강한 직업관과 가치관을 지향해서 자신과 일, 그리고 세상을 연결하는 퍼즐의 실마리를 찾을 거라 믿어요.

부모와 아이의 인사이트 확장을 위한 TIP

- '나'에 대한 질문에 스스로 답을 해 봐요.

  1. 나는 어떨 때 많이 웃을까?

  _____

  _____

  _____

  2. 어렸을 때 경험한 것 중에서 아직도 기억나는 게 있어?

  _____

  _____

  _____

  3. 내가 경험한 것 중에서 가장 보람 됐던 순간은?

  _____

  _____

  _____

4. 내가 이룬 성취는 무엇이 있을까?

----

5. 나는 뭘 할 때 제일 집중할까?

까대기

글, 그림 이종철   출판사 보리   연계 교과 도덕 6-1 3. 나를 돌아보는 생활

책 속으로

이바다는 포항에서 미술을 전공하고 만화가의 꿈을 이루기 위해 서울로 올라온다. 생활비를 마련하기 위해 인터넷에서 아르바이트를 찾다가 돈도 벌고 운동도 하려고 '까대기' 알바를 시작한다. 까대기 알바는 화물차에 실린 택배 물건을 내리거나 다른 화물차에 싣는 것을 말한다.

시급제라 일을 하지 못하면 그만큼 돈을 벌지 못한다. 이바다와 함께 일하는 동료들도 비슷하다. 택배 기사들도 몸이 아파서 쉬고 싶어도 손해 비용과 벌점 때문에 억지로 일해야 한다.

공무원 시험 준비를 하며 오전에 까대기 알바를 하는 사람, 12시간 이상 배송하는 택배 기사, 새벽에 졸음을 쫓으며 운전하는 화물 기사, 까대기 알바와 다른 일을 투잡으로 하는 사람들 등 다양한 사람들이 택배 관련 일을 하고 있다.

《까대기》는 실제로 6년 동안 택배 일을 했던 작가의 경험이 담긴 작품이다. 책에서는 담담하게 이야기하지만 택배 노동 현장의 목소리가 책 속에 생생하게 녹아 있다.

시크릿한 책 속 비밀

택배를 받는 데 걸리는 시간은 평균 이틀이면 충분해요. 빠른 배송에 익숙해져 택배가 하루만 늦어져도 조바심이 나죠. 하지만 택배가 내게 오기까지, 많은 사람들의 피와 땀이 녹아 있다는 걸 아는 사람은 얼마나 될까요?

많은 사람들이 일하는 도중에 도망간다는 전설의 알바, 일명 '까대기' 택배 상하차 일을 아나요? 그 까대기 알바를 6년간 했던 작가 이종철의 자전적 이야기로, 택배 노동 현장을 처음부터 끝까지 생생하게 담은 만화예요.

각각의 택배 상자마다 많은 이야기가 담겨 있어요. 요일마다 물량이 달라지

고, 계절마다 농산물도 달라지죠. 명절에는 물량이 넘쳐 나고요.

저를 비롯한 많은 사람들이 물건을 주고받을 때 택배를 주로 이용해요. 퇴근하고 돌아오면 집 앞에 택배가 산더미처럼 쌓여 나를 맞이하기도 해요. 이 모든 것이 가능한 이유는 간편한 택배 서비스 덕분이에요.

그러나 이 간편한 서비스 뒤에는 수많은 택배와 관련된 사람들의 피와 땀이 있어요. 고객에게 물건을 전하는 배송 기사, 화물차 기사, 지점장, 그리고 까대기 알바 등 다양한 사람들의 노동으로 택배의 편리함이 유지되는 것이죠.

물건이 하루 만에 도착하는 데서 한발 더 나아가 이제는 주문 당일 도착하는 총알 배송, 이른 아침에 물건을 받아 볼 수 있는 새벽 배송으로 택배의 모습은 바뀌고 있어요.

저는 저층에 살고 있어서 새벽 배송을 오는 택배 기사들의 소리를 자주 들어요. 남들이 자는 시간에 택배를 배송하는 것에 대한 고마움도 있지만, 이른 시간에 배송해야 한다는 안쓰러움도 느껴져요.

아침 메뉴를 위해 새벽 배송을 신청하면 신선한 식사가 배달돼요. 이 신선함을 당연하게 여기지 말고 식사를 하면서 아이와 함께 택배를 배송해 주는 분들에 대한 고마움을 이야기 나눠 보면 어떨까요?

택배가 어떻게 나에게 오는지 중간 과정은 모르는 경우가 많아요. 온라인을 통해 공개한 '출간 전 연재'로 미리 만화를 접한 독자들은 만화 《까대기》가 지금까지 택배를 다룬 글, 영화, 드라마를 통틀어 가장 쉽게 이해할 수 있게 그린 만화라고 호평했다고 해요. 이 만화를 보면 택배 과정을 알 수 있을 거예요.

이 책은 현실에 기반을 둔 리얼리즘 만화로 한국 사회의 현 모습과 청년 문제, 노동 문제 들을 함께 고민해 보도록 해 줘요.

부모와 아이의 인사이트 확장을 위한 TIP

• 혹시 여러분은 치킨을 좋아하나요? 집에서 치킨을 주문하면 금방 먹을 수 있어요. 빨리 먹을 수 있는 음식을 패스트푸드(fast food)라고도 하죠. 그런데 그 음식들은 생각하는 것만큼 금세 만들어지지 않아요.
치킨이 우리 식탁에 오르기까지 어떤 과정을 거치는지 생각해 본 적 있나요?

치킨을 먹기 위해서는 닭이 필요해요. 사육 농가에서 병아리부터 키워서 닭이 되죠. 대략 부화해서 닭이 되는 데 32~34일이 소요돼요. 이렇게 30여 일간 키우면 도계 과정을 거쳐요. 도계 과정은 닭을 닭고기로 해체하는 과정이라고 생각하면 되는데 다음과 같아요.
닭을 공장으로 싣고 오면서 1차 살균 과정을 거쳐요. 이 닭들은 '계류장'이라는 곳에서 쉬게 해요. 장거리를 이동하면서 쌓인 스트레스를 해소하고 근육을 이완시키는 거죠. 이 과정을 거치지 않으면 몸에 열꽃이 피거나, 피를 빼는 '방혈' 과정에서 날개 끝에 맺혀 붉은 반점이 생긴다고 해요. 계류 과정을 거친 생닭을 걸어(현수) 기절시킨 뒤, 피를 빼내요.(방혈) 피가 전부 빠지면 털, 머리, 발을 제거해요. 마지막으로 내장을 적출하고 닭의 내외부를 세척해요. 세척 과정까지 거치면 닭의 온도가 40℃까지 상승하는데 이것을 4℃까지 내려요.(칠링) 도계된 닭은 냉각되고 이후 자동 분류 시스템을 통해 크기와 무게별로 분류된답니다.
꽤 많은 과정을 거쳤지만 아직도 치킨이 되지 못했어요.
이렇게 분류된 닭은 육계업체에서 각 거래처로 수송돼요. 프랜차이즈에 도착한 닭은 염지(원료육에 식염, 육색 고정제, 염지 촉진제 등을 첨가해서 일정 기간 담가 놓는 걸 말해요.) 과정을 거쳐 다시 가맹점으로 보내져요. 트럭에 실려서 배달되니 옮기는 시간도 꽤 걸리겠죠?

닭을 키우는 농부, 닭을 손질하는 여러 사람, 닭을 분류하는 사람, 닭을 옮기는 물류 기사, 닭을 튀겨 파는 프랜차이즈 사장님 등 알고 보면 치킨 한 마리를 먹는 데도 많은 사람들의 수고가 필요해요.

오늘 저녁 '치느님'을 영접하면서 맛있는 치킨이 우리 집에 오기까지의 과정에 대해 이야기해 보는 건 어떨까요?

독수리 오남매, 법률가를 만나다! ★서울시교육청 도서관 추천 도서

글, 그림 홍경의, 송선범   출판사 한겨레아이들   연계 교과 국어 6-2 5. 글에 담긴 생각과 비교

책 속으로

의란이는 법률가가 되면 부와 명예를 동시에 얻을 수 있다는 말에 자신의 꿈을 법률가로 정한다.

어느 날 의란의 아버지가 명예퇴직하고 귀농을 선택한다. 의란이는 부모님을 따라 정든 서울을 떠나 지방으로 이사 간다. 학원도 못 다닐 텐데 법률가는 물 건너간 것이 아닐까 걱정하던 의란이는 진짜 법률과 관련된 일을 경험하게 된다.

마을 냇물인 푸르내가 오염되고, 윤주네 집 오리들이 죽은 것이다. 친구들은 이 일을 법적으로 해결하려고 한다. 그래서 '독수리 오남매'를 결성한다.

강줄기를 따라가며 조사를 하다가 폐수를 무단 방류한 잉크공장을 발견한다. 독수리 오남매는 푸르내의 오염 원인을 밝히고, 민사 소송에도 참여한다. 그들 곁에는 푸르내 오염 소송 변호사가 있다. 독수리 오남매는 그 변호사와 함께 민사와 형사 법정을 두루 참관하면서 판사, 검사, 변호사가 하는 일을 가까이에서 지켜본다. 재판 과정을 보며 내가 판사라면 어떤 판결을 내릴까? 곰곰이 생각하며 읽을 것이다.

한편 독수리 오남매가 모여 놀던 중 불법 다운로드를 통해 아이돌 가수의 노래를 한 곡 다운받는다. 이 때문에 검찰청에서 '참고인' 신분으로 검찰에 출두할 것을 명한 소환장을 받게 된다. 이들은 검찰청으로 가서 검사를 만난다. 그리고 아이들은 자신들을 때린 한대칠 오빠의 소년 보호 사건 법정에 가서 죄를 저지른 청소년이 심리를 받는 모습도 본다. '청소년 참여 법정'에서 판사의 직업에 대해서도 알게 된다. 법이 처벌만을 목적으로 하지 않고 교육과 청소년의 눈높이에 맞는 과제를 제시하는 현장을 체험한다.

시크릿한 책 속 비밀

돌잔치의 돌잡이 품목으로 절대 빠지지 않는 것이 판사봉이에요. 아마 아이가 법률가가 되기를 바라는 마음 때문일 거예요.

많은 아이들이 법률가를 꿈꾸지만, 법률가가 되기 위해 어떤 것이 필요한지는 잘 몰라요.

법률가는 법과 관련된 일을 하는 사람이에요. 변호사, 검사, 판사, 법학자 등이 대표적인 직업이에요.

이 책의 제일 큰 매력은 아이들 주변에 있을 법한 이야기를 통해 법을 다루는 직업군에 대해 알 수 있다는 점이에요.

작가는 법학을 전공하고 법률가라는 직업이 하는 일을 제대로 알리려고 했다고 해요. 권리도 주장할 줄 알면서 의무와 책임도 다하는 시민으로 성장하기를 바라는 마음도 컸고요. 페이지마다 나오는 법률 용어에 대한 설명을 통해 법 상식도 얻을 수 있어요.

곳곳에 전문가들의 목소리도 담았어요. 환경 전문 변호사인 정남순 변호사는 모든 사람이 하고 싶은 일만 한다면 지구가 그것을 감당할 수 있을지 고민하다가 환경 전문 변호사가 되었다고 해요.

서울중앙지검의 유동호 검사는 늘 자신에게 엄격해야 한다고 말해요. 검사라는 직업은 스스로 엄격하게 행동해야 다른 사람의 잘못에 벌을 줄 때, 양심에 어긋나지 않으니까요.

서울북부지법 이화용 판사는 억울한 사람의 한을 풀었을 때 보람을 느낀다고 해요. 이렇게 법률가들의 인터뷰를 보면서 꿈을 더 구체적으로 꿀 수 있게 도와준답니다.

부모와 아이의 인사이트 확장을 위한 TIP

• 책에 나오는 여러 인물 중 정남순 변호사의 최근 근황을 살펴보았어요. 정
  남순 변호사는 포항 지진, 가습기 살균제 사건, 폐기물 처리 시설 문제, 시
  멘트 공장 노동자 산업재해 등 꾸준히 환경과 건강 등의 문제에 관심을
  갖고 재판을 하고 있어요.
  그중 읽어 보면 좋은 기사가 있어요. 이외에도 다른 분들의 최신 뉴스 기
  사를 검색해서 읽어 보면 책 속의 이야기와 현실과의 연결 고리를 확인할
  수 있어요.
  큐알코드를 통해 기사를 꼭 확인해 보길 바라요.

정남순 변호사 신문기사

• 판결문으로 사람들에게 희망을 주는 판사가 있어요. 부산지방법원 동부지원에서 형사 재판을 맡고 있는 박주영 판사예요. 그가 쓴 판결문은 우리가 흔히 알고 있는 딱딱한 판결문과 느낌이 달라요. '판결문도 이렇게 따스할 수 있구나' 하는 생각이 들 거예요.
큐알코드를 통해 영상을 시청해 봐요. 영상을 다 보고 나면 '판사는 마지막에 선 사람'이라는 말이 잊히지 않아요.
판사라는 직업을 가지려면 어떤 신념을 가져야 하는지 생각하는 기회가 될 거예요.

유퀴즈 프로그램, 박주영 판사

목소리를 높여 high!

글 악동뮤지션 출판사 마리북스 연계 교과 국어 6-2 1. 작품 속 인물과 나

책 속으로

악동뮤지션의 멤버인 찬혁과 수현의 이야기가 교차로 구성되어 있다. 두 사람은 선교활동을 하는 부모님을 따라 몽골에 살다가 한국에 왔다. 그때의 기억과 경험들이 지금의 찬혁과 수현을 만들었다.

찬혁은 어려서부터 개구지고 엉뚱한 아이였다. 학교에서도 늘 그런 모습을 뽐내며 학교 전체 아이들과 축구를 하는 등 굉장히 활발하고 적극적인 모습으로 학창 시절을 보냈다.

그에 비해 수현은 조용하고 얌전한 아이였다. 오빠가 학교에서 엉뚱한 행동을 해서 시선을 끌 때마다 부끄러워서 고개를 푹 숙였다.

두 사람은 가정 형편이 어려워져서 학교에 다닐 수 없어 홈스쿨링을 한다. 그러나 홈스쿨링은 그리 녹록하지 않았다. 공부 시간도, 내용도 스스로 정했지만, 온종일 컴퓨터만 보며 혼자서 공부하는 시간은 차라리 학교가 재미있다는 생각이 들 만큼 인내심이 필요했다. 그래도 공부 시간이 끝나면 기타를 뚱땅거리고 피아노를 치며 음악을 놀이 삼아 마음껏 놀 수 있었다. 그 덕에 그 시간 동안만큼 신나게 놀며 일상의 소중함을 알게 되었다.

사춘기의 절정, 꿈을 찾지 못해 방황하며 부모님과 갈등도 겪었다. 새벽에 일어나서 묵상하고, 원칙과 규율을 중요시하는 선교사 부모님의 생활 방식은 아직 어린 형제에게 만만치 않았다. 자유로운 영혼처럼 보이지만 할 수 있는 것보다 할 수 없는 것이 더 많은 십 대를 보냈다.

찬혁이 뚱땅거리고 수현이 부른 노래를 아버지가 유튜브에 올리며 두 사람은 조금씩 유명해졌고, 'K팝 스타'라는 관문을 거치며, 꿈의 기회를 만들어 간다. 자전적으로 쓰여진 글이라 어린 나이에 부모님과 떨어져 세상과 부딪히면서 진정한 뮤지션이 되기 위해 준비하고 고민하는 진솔한 모습을 엿볼 수 있다.

시크릿한 책 속 비밀

늘 불화설은 있지만 결코 해체하지 않는 그룹 악동뮤지션.

요즘 아이들의 꿈 1위는 연예인이라고 해요. 그러나 연예인은 그저 먼 그들만의 이야기 같아요.

유명한 사람의 책은 위인전같이 훌륭한 이야기를 가득 담고 있거나 그들의 뛰어난 점이 부각되어 쓰여 있어요. 그래서 그들이 대단하다고 생각은 하지만 직접 와닿지는 않아요. '이들이 과연 나처럼 고민하고 갈등하는 평범한 인간일까?' 하는 생각이 드는 거죠. 이 책은 그런 책들과 달라요. 우리 주변에서 흔히 보는 평범한 아이들의 이야기 같아요. 그들도 나와 비슷한 고민과 갈등을 겪었거든요. 지금은 유명한 연예인이지만 그들도 이런 일이 있었음을 공유하는 것만으로도 아이들에게 위로가 될 거예요.

악뮤의 어린 시절은 우리 아이들 누구나 겪는 이야기예요. 홈스쿨링이라는 독특한 이력이 있지만 그들의 고민이나 부모님이 휴대전화를 사용하지 못하게 해서 생긴 불만 등을 읽고 있노라면 이들이 연예인이 아닌 평범한 내 주변의 인물처럼 느끼게 해요.

우리 모두 겪었고, 지금 겪고 있고, 앞으로 겪을 이야기들이에요. 악동뮤지션은 세상을 바라보는 시각도 참 예뻐요. 그들의 노래에는 건강하고 밝은 에너지가 배어 있어요. 이 책은 초등 고학년 아이도 물론 좋지만 자녀를 어떻게 지지해야 할지 생각해 볼 수 있다는 점에서 부모가 읽는 것도 추천해요.

힘든 일이 있어도 스스로에게 좋은 노랫말을 불러 주며 최면을 걸었던 것 같다며, 주어진 일상에 감사하고 희망으로 앞날을 기대했어요. 책을 덮는 순간에는 '못난이'가 아니라, '매력덩어리 뮤지션'인 그들을 만나 볼 수 있을 거예요. 좌절하고 있는 아이가 있다면 악뮤의 이야기를 통해 바로 지금이 시작할 시간이라는 걸 깨닫길 바라요.

부모와 아이의 인사이트 확장을 위한 TIP

• 혹시 뮤지션이 되고 싶어 하는 아이가 있나요?

뮤지션이 되기 위해서 어느 학과를 가는 것이 좋을까요? 가수들을 살펴보면 반드시 대학의 학과가 직업과 일치하지는 않아요. 그래도 대체로 가수가 되기 위해 실용음악과를 선택하는 경우가 많아요.

실용음악이란 일반 대중을 즐겁게 하기 위해 만들어진 음악을 뜻해요. 실용음악과에서는 보컬, 컴퓨터 음악 작곡, 건반, 기타, 베이스 등 세부 전공이 나눠져요. 음악 기초 이론을 바탕으로 전문 연주자, 작곡가, 편곡가, 음악 콘텐츠 제작 등 각 전공에 따라 실기 교육을 통해 연주의 전 과정에 대한 능력을 고루 갖춘 음악인을 양성해요.

많은 대학에 실용음악과가 있어요. 실용음악과를 선택할 때 대체로 네임 밸류(이름이 세상에 알려진 정도)를 1순위로 본다고 해요. 실용음악과를 희망하는 학생들이 많아 생각보다 경쟁률이 꽤 높답니다. 실용음악과를 선택하려면 희망하는 대학의 홈페이지에서 당해의 입학전형을 다운받아 입학에 필요한 각종 자료를 잘 챙겨야 해요.

최근에는 오디션 프로그램이 많이 생겨서 꼭 실용음악과가 아니어도 뮤지션으로 데뷔할 수 있는 기회가 많이 생겼어요. 이런 여러 기회를 이용하면 멋진 뮤지션이 될 수 있을 거예요!

쌤의 조언 한 마디!

대부분의 학교에서 밴드부를 운영해요. 국악반이나 오케스트라반을 운영하기도 하죠. 이 아이들은 축제나 학교의 여러 행사에서 무대에 올라 자신의 기량을 마음껏 펼쳐요. 무대에서 공연하는 아이들을 보면 뿌듯하기도 하고 기특하기도 해요.

뮤지션은 무대에 올라 공연을 하는 사람이에요. 학창 시절부터 꾸준히 무대에 오르는 경험을 하면 긴장감이 덜어지지요. 무대의 익숙함은 뮤지션에게 좋은 영향을 줄 거예요.

현재 근무하는 학교에서는 밴드부가 있고, 이전에 근무했던 학교에서는 합창부와 오케스트라부가 있었어요. 이 아이들은 점심시간마다 열심히 연습하고 여러 대회에 참가해서 대외상도 꽤 받아 왔어요.

디지털 기기의 발달로 다른 사람과 소통이 힘들어지는 시대예요. 그런데 밴드반이나 합창부, 오케스트라반 아이들은 오랜 시간 함께 연습하고 서로의 음을 맞춰야 해요. 꼭 뮤지션으로 진로를 결정하지 않는다 해도 학창 시절의 이런 경험은 다른 사람과 소통하는 힘을 기르는 소중한 밑거름이 된답니다.

나의 롤모델은 스티브 잡스

글, 그림 이혜경, 김미규   출판사 움직이는서재   연계 교과 국어 6-2 1. 작품 속 인물과 나

책 속으로

1955년 미국 캘리포니아주 샌프란시스코에서 미혼모의 아들로 태어난 스티브 잡스는 아이가 없던 폴 잡스 부부에게 입양되었다.

스티브 잡스는 어릴 때부터 기계를 뜯는 걸 좋아했다. 그걸 본 스티브 잡스의 부모는 작은 차고지에 그를 위한 작업대를 마련해 준다. 여섯 살 스티브 잡스는 자신의 꿈을 마음껏 펼치며, 실리콘밸리에서 자라면서 전자 기술의 세계에 호기심을 키워 갔다.

스티브 잡스는 고등학교에 진학하여 스무 살에는 전자공학도였던 스티브 워즈니악과 함께 부모님의 차고에서 애플사를 세웠다. 이후 꿈을 향한 도전과 열정으로 획기적인 컴퓨터들을 세상에 선보였고, 젊은 나이에 억만장자가 되었다.

자신이 만든 애플사에서 쫓겨나기도 하였으나, 위기를 기회로 삼아 장편 애니메이션 영화를 만들어 또 한 번 세상을 놀라게 했다. 그리고 10년 만에 다시 애플로 돌아가서 아이맥과 아이팟, 아이폰과 아이패드까지 차례로 성공시키며 세계인들의 찬사를 받았다.

그러나 안타깝게 2011년 암으로 생을 마감하였다.

스티브 잡스는 컴퓨터와 영화, 그리고 음악 산업에 커다란 변화를 이끌었다. 창의성을 가진 인재의 롤모델로 손꼽히는 인물이다.

시크릿한 책 속 비밀

스티브 잡스 하면 검은 폴라티에 청바지를 입고 애플의 스마트폰을 프레젠테이션 하는 모습이 떠올라요.

《나의 롤모델은 스티브 잡스》는 스티브 잡스의 어린 시절부터 꿈과 패기로

세상을 변화시킨 청년기와 중년기, 그리고 그가 떠난 후 주변의 평가까지 모두 담았고, 귀여운 삽화로 이야기를 더욱 쉽고 재미있게 보여 줘요.

우리 아이들이 똑같은 꿈을 꾸기에는 세상은 넓어요.

위대한 업적을 남긴 이들은 결코 평범하지 않아요. 그들은 창의성을 발휘하고 모험심을 자극할 수 있게 자신만의 시간을 원했어요. 스티브 잡스의 성장 과정을 보며 엉뚱하고 황당한 행동을 하는 아이를 보고 다그치거나 훈계하기에 앞서 기다려 줄 줄 아는 넉넉한 부모였나 반성하게 돼요.

우리 사회는 아이들에게 꿈꾸기를 강요하지만, 아이들이 무엇을 진정으로 원하는지에 대해서는 무심한 것 같아요. 아이들이 다른 누구도 아닌 '자기 자신'으로 살고, 진짜 좋아하는 것을 찾아 꿈꾸는 게 중요한데 말이에요.

그런 의미에서 이 책은 아이들에게 특별한 멘토가 될 거예요. 자신의 삶에 주인으로 사는 법과 꿈을 찾고 전진하는 법, 나와 세상이 모두 행복해지는 비법을 통해 아이들에게 도전 정신의 의미를 알려 주거든요.

이 책은 스티브 잡스의 생애 외에도 스티브 잡스가 세상을 놀라게 한 제품들, 스티브 잡스처럼 IT 분야에서 큰 꿈을 꾸고 성공한 사람들의 이야기, 스티브 잡스가 스탠퍼드대학교 졸업식에서 학생들에게 했던 연설 등도 담겨 있어요. 책을 읽다 보면 스티브 잡스를 보다 친근하게 만날 수 있을 거예요.

부모와 아이의 인사이트 확장을 위한 TIP

• 스티브 잡스가 스탠퍼드대학교에서 한 연설이에요. 아주 유명한 연설이니 다소 길더라도 꼭 읽어 보길 바라요. 크게 세 가지를 이야기했어요.

첫 번째는 '인생의 점'들의 연결에 관한 이야기입니다. 저는 리드대학에 입학한 지 6개월 만에 자퇴했습니다. 대학 생활이 그렇게 많은 돈을 사용할 만한 가치가 없어 보였기 때문이죠.

저는 자퇴 후에 서체 수업을 들었습니다. 서체 수업에서 과학적인 방법으로는 표현할 수 없는 글씨의 조합과 여백의 다양함, 활자 레이아웃 등에 대해 배웠습니다. 이때 배웠던 내용들이 10년 후, 첫 번째 매킨토시를 구상할 때 도움이 되었습니다. 그 덕에 매킨토시는 복수 서체 기능이나 자동 자간 맞춤 기능을 갖게 되었지요.

서체 수업은 미래를 내다보고 들은 것은 아니었지만 되돌아보니 그 모든 것은 연결되었던 겁니다. 여러분도 지금은 미래의 점을 연결할 수 없겠지만 현재와 미래는 어떻게든 연결됩니다. 그것을 믿어야 합니다.

두 번째는 사랑과 상실에 관한 것입니다. 저는 운 좋게 인생에서 정말 하고 싶은 일을 일찍 발견했습니다. 부모님의 차고에서 애플을 시작한 것은 스무 살 때입니다.

저는 최고의 작품 매킨토시를 출시하고, 회사에서 해고당했습니다. 저는 삶의 초점을 잃었고 참담했습니다. 몇 개월 동안 아무것도 할 수 없었습니다.

그러나 제 마음 속에서 무언가 천천히 다시 일어났습니다. 저는 여전히 제 일을 사랑하고 있었고 그래서 다시 시작하기로 했습니다. 당시에는 몰랐지만 해고당한 것은 제 인생 최고의 사건이었습니다. 성공한 사람에서 초심자의 가벼움으로 바뀌었고, 모든 일에 덜 확신하게 되었습니다. 그 덕에 제 인생 최고의 창의력을 발휘할 수 있었습니다.

　때로는 인생이 배신하더라도 결코 믿음을 잃지 마십시오. 여러분이 사랑하는 일을 찾아야 합니다. 그 일을 아직 찾지 못했다면 계속 찾으세요. 현실에 안주하지 마세요. 온 마음을 다해 찾아내면 그때 알게 될 것입니다. 시간이 갈수록 더 나아질 겁니다. 계속 추구하십시오.

　세 번째 이야기는 죽음에 관한 것입니다. 오늘이 내 인생 마지막 날이라면 지금 하려는 일을 할 것인가를 스스로에게 물었습니다. 며칠 동안 'No'라는 답을 얻고 나에게 변화가 필요하다는 걸 알게 됐습니다. '곧 죽는다'는 생각은 인생의 결단을 내릴 때 중요한 도구입니다. 죽음을 생각하는 것은 무엇을 잃을지도 모른다는 두려움에서 벗어나는 최고의 길입니다.

　여러분은 곧 죽을 몸입니다. 그러므로 가슴을 따라 살아야 합니다. 저는 일 년 전 무렵 암 진단을 받았습니다. 다행히 수술이 가능한 췌장암이었습니다. 그때만큼 제가 죽음에 가까이 가 본 적은 없는 것 같습니다.

　아무도 죽길 원하지 않습니다. 그리고 여전히 죽음은 우리 모두의 숙명입니다. 왜냐하면 '죽음'은 삶이 만든 최고의 발명이니까요. 죽음은 구세대를 대신하도록 신세대에게 길을 열어 줍니다. 이 순간 신세대는 여러분입니다. 그러나 머지않아 여러분도 구세대가 되어 사라져 갈 것입니다. 여러분의 시간은 한정되어 있습니다. 다른 사람의 삶을 사느라 인생을 낭비하지 마십시오. 타인의 생각의 결과물에 불과한 '도그마'에 빠지지 마십시오. 타인의 견해가 여러분 내면의 소리를 삼키지 못하게 하세요.

　가장 중요한 것은 가슴과 영감을 따르는 용기입니다. 이미 여러분의 가슴과 영감은 여러분이 되고자 하는 바를 알고 있습니다.

　"항상 갈망하라. 우직하게 나아가라!"

수의사는 어때?

글 김희진   출판사 토크쇼   연계 교과 국어 6-2 5. 글에 담긴 생각과 비교해요.

책 속으로

수의사는 동물의 병을 치료한다. 동물은 말을 하지 못한다. 그래서 수의사는 보호자와 소통하며 아픈 곳을 찾아내는 일을 한다.

수의사는 강아지에게 예방 주사를 놓고, 나이가 많은 반려견의 남은 시간을 알려 주어 동물이 평화롭게 세상을 떠날 수 있도록 돕기도 한다.

우리나라 최초의 수의사는 이달빈이다. 1893년에 제주에서 태어나 일제강점기에 수의학을 공부했고 항일운동가로도 활동했다. 해방 후 창경원 동물원장을 역임했으며 말에 대한 전문 지식으로 한국마사회와 미군의 기마 헌병대 등에서 수의사로 활동하기도 했다. 또한 서울대학교 수의과대학을 만들 때 참여해, 우리나라 수의학에 도움을 주었다. 한국전쟁이 끝나고 제주도로 돌아가서 수의사를 양성했고, 제주도의 말 산업에 큰 공헌을 한 사람이다.

수의사는 어떤 동물을 치료하느냐에 따라 분야가 나뉜다. 작은 동물을 치료하는 소동물 수의사, 큰 동물을 치료하는 대동물 수의사, 특수동물을 치료하는 특수동물 수의사도 있다. 그리고 물고기나 벌처럼 군집 생활을 하는 동물 한 가지만 치료하는 수의사 등 다양한 분야의 수의사가 있다.

수의사가 되기 위해서는 대학 입시 준비를 잘해야 한다. 특히 수학과 과학은 다 맞거나 1등급을 받아야 수의사가 될 수 있다. 수의학과의 전공 책은 대부분 영어로 쓰여 있다. 그러니 영어도 잘해야 수월하게 공부할 수 있다.

병원에는 아픈 동물들이 많이 온다. 부상을 입거나 병에 걸린 동물도 있다. 부상을 입은 동물은 처치를 하고, 병에 걸린 동물은 약물을 써서 치료한다. 작은 병이라도 그대로 두면 큰 병이 될 수 있으므로 보호자에게 병에 대해 설명하는 일도 필요하다. 이 모든 일을 다했음에도 생명이 위태로우면 보호자에게 설명해서 마음의 준비를 할 수 있도록 돕는다.

이렇게 동물의 곁에서 늘 함께하며 돌보는 사람이 바로 수의사이다.

시크릿한 책 속 비밀

　수의사는 동물의 곁에서 생로병사를 함께해요. 아픈 생명을 살려 내는 보람을 느낄 수 있어서 꽤 매력적인 직업이에요.

　개나 고양이 같은 작은 소동물, 소나 돼지 같은 큰 대동물, 물고기 같은 수생 동물, 특수한 동물 등 다양한 동물들의 질병과 상해를 연구하고 치료하는 사람을 수의사라고 해요.

　최근 1인 가구가 늘면서 반려동물을 통해 정서적 위안을 얻으려는 사람이 많아요. 반려동물에 대한 관심과 인식도 높아지고 있고요. 반려동물을 키우는 인구가 1,500만 명을 넘는다고 하니 어마어마하죠? 학교에서 글쓰기 수업을 할 때마다 가정에서 키우는 반려동물의 이야기가 빠지지 않아요. 특히 설명하는 글쓰기나 수필을 쓰면 한 학급에 집에서 키우고 있는 강아지 이야기는 반드시 한 편 이상 있어요. 해가 갈수록 반려동물의 이야기를 쓰는 학생들이 늘어나는 걸 보면, 반려동물을 정말 많이 키우고 있구나 싶은 생각이 들어요. 이런 모습만 봐도 반려동물에 대한 예방접종, 치료, 분만, 건강 관리, 수술 등을 담당하는 수의사의 수요는 지속적으로 증가할 것으로 예상돼요.

　그뿐 아니라 조류인플루엔자나 광우병 등 동물 질병이 늘면서 이에 대한 검역, 방역도 중요해지고 있어요. 이 업무를 맡기 위한 인력으로서 수의사의 필요성도 커지고 있답니다. 생각보다 하는 일의 영역도 다양하고, 꽤 매력적인 직업이죠? 그래서 수의학과의 인기는 꽤 높은 편이에요.

　동물들은 자신의 고통을 말로 표현할 수 없어요. 그래서 동물이 어디가 어떻게 아픈지 수의사가 알아내야 해요. 그러니 수의사가 되려면 세심한 관찰력이 필요해요. 동물을 사랑하는 따뜻한 마음을 가진 사람이라면 더욱 좋겠죠?

　수의사를 꿈꾸는 아이가 있다면 이 책을 건네주세요. 질문에 대해 답하는 형식이라 읽으면서 궁금한 점을 해결할 수 있어요.

부모와 아이의 인사이트 확장을 위한 TIP

• 직접 수의사라는 직업을 체험하는 방법도 추천해요. 제일 좋은 방법은 실제로 동물을 키우면서 그 동물을 오롯이 아이가 돌보는 거예요. 동물을 돌보는 일이 쉬운 일이 아니라는 걸 직접 느끼게 하는 거죠. 그것이 어렵다면 동물병원에 가서 하루 종일 병원의 모습을 관찰하는 것도 좋아요. 가능하면 수의사 선생님의 허락을 받아서 동물병원의 모습을 살펴봐요. '내가 수의사 선생님이라면' 하고 상상해 보는 거죠. 애완동물 카페는 추천하지 않아요. 귀여운 모습만 보는 거라 실제 동물을 돌보는 것과는 차이가 있거든요.

부가정보 함께 읽으면 좋은 책

〈초등학생을 위한 잡프로포즈 시리즈〉, 토크쇼

01 《프로파일러는 어때?》, 고준채

02 《웹툰작가는 어때?》, 손영완

03 《뷰티전문가는 어때?》, 김승아

04 《셰프는 어때?》, 유재덕

05 《게임개발자는 어때?》, 이홍철

06 《인공지능전문가는 어때?》, 이동훈

07 《예능PD는 어때?》, 신정수

08 《성우는 어때?》, 김지혜

10 《유튜버는 어때?》, 김켈리

11 《군인은 어때?》, 최무룡

12 《소방관은 어때?》, 김용환, 이성숙

13 《약사는 어때?》, 허지웅

14 《가정의학과 의사는 어때?》, 명승권

15 《메타버스전문가는 어때?》, 안동욱

메시, 축구는 키로 하는 게 아니야

글 이형석   출판사 탐   연계 교과 도덕 6-1 1. 내 삶의 주인은 바로 나

책 속으로

이 책은 재능, 시련, 열정, 동반자(가족), 환경. 다섯 가지 키워드로 메시를 이야기한다.

메시는 축구에 열정적인 가족 안에서 태어났다.

메시의 이야기를 주제별로 살펴보면 첫째, 재능이다. 메시는 어려서부터 축구공을 좋아했다. 축구를 정식으로 배우지 못했어도 축구를 좋아했으며 스카웃 되고 나서도 아이들을 제치고 축구공을 넣을 정도였다.

둘째, 시련이다. 메시는 어린 시절부터 '성장호르몬결핍증'이라는 희귀한 병을 갖고 있었다. 그래서 언제나 작았고, 성장 주사를 맞아야 했다. 그러나 그는 한 마디 불평 없이 꾸준히 성장 주사를 맞으며 치료를 했다.

셋째, 열정이다. 어렸을 때 반짝 떴던 수많은 선수의 공통점은 열정이 없다는 것이다. 그러나 메시는 달랐다. 그는 코뼈가 골절됐을 때도 마스크를 쓰고 경기를 뛸 만큼 축구에 열정적이었다.

넷째, 동반자이다. 메시의 성격은 소극적이고 얌전한 편이다. 그런 그지만 축구할 때는 누구보다 적극적이다. 축구는 혼자 하는 것이 아니다. 메시는 누구보다 동료들을 믿고 함께한다.

다섯째, 환경이다. FC바르셀로나 교육 기관인 라마시아에서 예절 등 다양한 교육을 받으며 지적인 면도 쌓았다.

이런 메시의 이야기를 읽다 보면 축구뿐 아니라 모든 일을 할 때, 어떻게 해야 할지 생각하게 된다.

'불가능, 그것은 아무것도 아니야!'

시크릿한 책 속 비밀

축구를 잘 모르는 사람이라도 한 번쯤 들어봤을 이름, 메시.

운동선수, 특히 축구 선수를 꿈꾸는 아이라면 이 책에 관심이 갈 거예요. 이 책은 주제별로 메시의 어린 시절부터 지금까지의 이야기를 반복해서 보여 줘요. 그래서 다 읽고 나면 메시가 친근하게 느껴질 거예요. 운동을 좋아하는 아이에게 또는 힘들어 하고 있는 아이에게 시련을 이기고 정상에 오른 메시 이야기를 들려주세요.

저는 축구를 좋아하는 편이 아니어서 '불가능은 아무것도 아니다'라는 광고를 처음 봤을 때, 왜 메시에게 이런 광고 문구가 붙었는지 잘 몰랐어요. 그런데 이 책을 읽으면서 이 문구가 메시의 삶과 정말 잘 어울린다는 생각이 들었어요. 그에게 주어진 시련들은 축구를 계속하는 것이 가능하기보다 불가능할 것 같은데, 메시는 모든 시련을 이겨 내고 세계 최고의 축구 선수가 되었어요.

축구 천재들이 많은데 왜 사람들은 메시에게 열광할까요?

천재성을 가졌지만 끊임없는 노력과 축구에 대한 멈출 줄 모르는 열정. 병마와 끝까지 싸워 이겨 낸 인내와 그 모든 것을 갖고 있으나 잘난 척하지 않는 겸손함 때문이 아닐까요?

우리나라에도 메시 같은 축구 영웅이 있죠? 역대 아시아 최초 세계 3대 리그 중 하나인 프리미어리그에서 득점왕에 오른 손흥민 선수예요. 유로스포츠는 2021~2022 시즌 유럽프로축구 최고 선수로 손흥민 선수를 선정했어요.

손흥민 선수는 메시와 비슷한 점이 많아요. 손흥민 선수도 메시와 비슷하게 유복한 가정에서 태어난 건 아니지만 축구에 대한 열정 만큼은 매우 컸어요. 민첩성과 정확성이 뛰어나 경기장의 위치를 가리지 않고 누비는 메시, 양발을 잘 써서 좌우 어디든 공격할 수 있는 손흥민. 사람들에게 인정받는 두 축구 선수를 보면서 실력을 넘어 어떤 점이 그들을 최고의 선수로 평가하는지 깨닫는 시간이 되길 바라요.

부모와 아이의 인사이트 확장을 위한 TIP

- 이 책의 주인공인 메시에 대해 알아봐요.

> **리오넬 메시(Lionel Andres Messi)**
>
> 1987년 6월 24일, 아르헨티나 제3의 항만도시 로사리오에서 태어났다. 메시는 어린 시절부터 축구에 남다른 재능을 보였지만, '성장호르몬결핍증'이란 희귀병 탓에 언제나 가장 작은 소년이었다. 메시는 이 병을 치료하기 위해 매일 밤 호르몬 주사를 맞아야 했고, 스페인 바르셀로나로 건너간 뒤엔 사랑하는 가족들과 떨어져 외로움을 견뎌야 했다. 자기 앞에 닥친 시련에 꿋꿋이 맞선 메시는 타고난 재능에 자만하지 않고 노력을 거듭한 끝에 세계 최고의 축구 선수로 우뚝 섰다. 지금은 아르헨티나 국가대표팀 선수로, FC바르셀로나의 등번호 10번을 단 팀의 리더로 매 순간 축구 역사의 한 페이지를 새롭게 쓰고 있는 전 세계 축구팬들의 축구 영웅이다.

- 우리나라에도 세계적으로 유명한 스포츠인들이 있어요. 그 인물들을 다룬 책을 함께 읽어 본다면 애국심과 뿌듯함이 생길 거예요.

1. 손흥민

《축구를 하며 생각한 것들》, 손흥민, 브레인스토어
축구 소년이었던 손흥민이 어린 시절 이야기부터 월드클래스가 되기까지의 자신의 이야기를 담담하게 쓴 에세이

2. 김연아

《WHO? 아티스트 김연아》, 오영석 글/라임스튜디오 그림, 다산어린이
스케이트만 보면 눈이 반짝이던 소녀. 김연아가 세계인을 감동시킨 피겨

여왕이 되기까지의 이야기를 담은 만화책

3. 김연경

《아직 끝이 아니다》, 김연경, 가연
세계가 인정하는 배구 선수 김연경의 이야기. 선수로서의 김연경뿐 아니
라 인간적인 모습의 김연경도 볼 수 있는 에세이

4. 박세리

《세리, 인생은 리치하게》, 박세리, 위즈덤하우스
IMF 때 온 국민에게 희망을 안겨 주었고, 미 LPGA 대회 25승, 세계 골프
명예의 전당 최연소 입성 등 골프로 세계 최정상에 오른 선수. 그런 박세
리의 제 2의 인생 이야기. 어떤 일의 최고에 오른 다음에 어떻게 살아야
할지를 생각하게 하는 에세이

5. 박찬호

《박찬호의 노력, 끈기, 전설이 된 야구 이야기》, 임진국 글/허한우 그림, 스코프
한국인 최초의 메이저리거, 125승의 최다승 동양인 투수, 한·미·일 3개국
선발 승리 등 전설로 남은 박찬호의 끈기와 노력을 다룬 이야기

6. 강수진

《한 걸음을 걸어도 나답게》, 강수진, 인플루엔셜
한국인 최초 로잔 발레콩쿠르 우승, 발레계 아카데미상 '브누아 드 라 당
스' 최우수 여성 무용수상, 동양인 최초 독일 무형문화재인 캄머탠저린 선
정, 독일 바덴뷔르베르크 주정부 공로훈장 수여 등 세계를 감동시킨 강수
진의 이야기를 담은 에세이

초등학교 국어 교과서
수록 도서 리스트

부록은 초등학교 국어 교과서에 나오는 제재의 작품 이름을 썼어요. 국어 교과서에는 국어 작품 전체를 실을 수 없으니 제재로 일부분만 다루고 있거든요. 새학기가 시작될 때 부모님이 교과 수록 도서를 찾아 아이들에게 읽혀 보세요. 아이가 자신감 있는 학교생활을 하게 될 거예요. 5, 6학년은 국어 활동 교과서가 없어서 국어(가), (나)교과서만 실었답니다.

자세히 보면 50권의 작품은 나를 중심으로 사회로 점차 시각을 확장할 수 있도록 책의 순서를 정했답니다. 1, 2학년의 통합교과 『봄』은 나와 친구, 『여름』은 가족, 『가을』은 명절과 친척·사회, 『겨울』은 사회와 우리나라로 영역을 넓혀 가거든요.

초등학교 국어 교과서 수록 도서 리스트를 체계적으로 읽어 보세요. '나'뿐 아닌 '사회'를 보는 눈이 성장하고 '세상을 보는 시각이 점차 확장되는 것을 느낄 수 있을 거예요.

초등 저학년(1~2학년) 국어 교과서 수록 도서

수록 학년과 교과서	책 제목 (출판사)	지은이	확인
1학년 1학기 국어 가	라면 맛있게 먹는 법 문학동네	권오삼	◯
	숨바꼭질 ㄱㄴㄷ 현북스	김재영	◯
	표정으로 배우는 ㄱㄴㄷ 애플비	솔트앤페퍼커뮤니케이션	◯
	소리치자 가나다 비룡소	박정선 글, 백은희 그림	◯
	동물 친구 ㄱㄴㄷ 웅진주니어	김경미	◯
	한글의 꿈 포스터 리틀애나	성유진	◯
	생각하는 ㄱㄴㄷ 도서출판 논장	이보나 흐미엘레프스카	◯
	손으로 몸으로 ㄱㄴㄷ 문학동네	전금하	◯
	말놀이 동요집 1 비룡소	최승호 작사, 방시혁 작곡	◯
	우리 동요 ― 랄랄라 신나는 인기 동요 60곡 애플비북스	작자 미상	◯
	깊은 산속 옹달샘 누가 와서 먹나요 예림당	윤석중	◯
	어머니 무명 치마 창작과비평	김종상	◯
	이가 아파서 치과에 가요 받침없는동화	한규호	◯
	어린이 명품 동요 100곡 1 태광음반	박화목 작사, 외국 곡	◯
	인사할까, 말까? 웅진다책	허은미	◯
	1학년 즐거운 생활 올에이미디어	정세문 작사, 신동일 작곡	◯

1학년 1학기 국어 나	구름 놀이 아이세움	한태희	◯
	동동 아기 오리 다섯 수레	권태응	◯
	글자동물원 문학동네	이안	◯
	아가 입은 앵두 보물창고	서정숙	◯
	강아지 복실이 국민서관	한미호	◯
1학년 2학기 국어 가	꿀 독에 빠진 여우 학원출판공사	안선모	◯
	까르르 깔깔 미세기	이상교	◯
	나는 책이 좋아요 책그릇	앤서니 브라운 글, 허은미 옮김	◯
	콩 한알과 송아지 애플트리태일즈	한해숙	◯
	1학년 동시교실 주니어김영사	최명란 엮음, 오승민 그림 김종삼 글	◯
	몰라쟁이 엄마 우리교육	이태준	◯
1학년 2학기 국어 활동 가	지구시간 동아일보	황중환	◯
	내마음의 동시 1학년 계림북스	김상련	◯
1학년 2학기 국어 나	몽몽 숲의 박쥐 두마리 한국차일드아카데미	이혜옥	◯
	도토리 3형제의 안녕하세요 길벗어린이	이현주	◯
	소금을 만드는 맷돌 예림아이	홍윤희	◯
	나는 자라요 창비	김희경	◯
	숲속 재봉사 창비	최향랑	◯
	엄마 내가 할래요! 장영	장선희	◯

	윤동주 시집 범우사	윤동주	◯
	우산 쓴 지렁이 현암사	오은영	◯
	내 별 잘 있나요 상상의 힘	이화주	◯
	아니, 방귀 뽕나무 사계절출판사	김은영	◯
	아빠 얼굴이 더 빨갛다 리젬	김시민	◯
	딱지 따먹기 — 아이들 시로 백창우가 만든 노래 — 도서출판 보리	강원식(학생) 동시, 백창우 작곡	◯
	아주 무서운 날 찰리북	탕무니우 글, 홍연숙 옮김	◯
	으악, 도깨비다! 느림보	손정원 글, 유애로 그림	◯
2학년 1학기 국어 가	기분을 말해 봐요 도서출판 다림	디디에 레비 글, 장석훈 옮김	◯
	오늘 내 기분은…… 키즈엠	메리앤 코카-레플러 글, 김영미 옮김	◯
	내 꿈은 방울토마토 엄마 키위북스	허윤	◯
	우당탕탕 아이쿠 한국교육방송공사	(주)마로 스튜디오	◯
	께롱께롱 놀이 노래 도서출판 보리	편해문 엮음	◯
	어린이가 정말 알아야 할 우리 전래 동요 현암사	신현득 엮음	◯
	작은 집 이야기 시공주니어	버지니아 리버튼	◯
	까만 아기 양 도서출판 푸른그림책	엘리자베스 쇼 글, 유동환 옮김	◯

	큰 턱 사슴벌레 VS 큰 뿔 장수풍뎅이 스콜라	장영철	○
2학년 1학기 국어 나	선생님, 바보 의사 선생님 — 의사 장기려 이야기 — 웅진주니어	이상희	○
	명품 유아 동요 영어 동요 150 G.M뮤직	곽진영 작사, 강수현 작곡	○
	신기한 독 도서출판 보리	홍영우	○
	욕심쟁이 딸기 아저씨 도서출판 노란돼지	김유경	○
	치과 의사 드소토 선생님 비룡소	윌리엄 스타이그 글, 조은수 옮김	○
2학년 1학기 국어 활동	짝 바꾸는 날 도토리 숲	이일숙	○
	동무동무 씨동무 창작과비평사	편해문 엮음	○
	우리 동네 이야기 푸른책들	정두리	○
	42가지 마음의 색깔 레드스톤	크리스티나 누녜스 페레이 라·라파엘 R. 발카르셀 글, 남진희 옮김	○
	머리가 좋아지는 그림책 — 창의력편 — 파란하늘	우리누리	○
	내가 조금 불편하면 세상은 초록이 돼요 토토북	김소희	○
	내가 도와줄게 비룡소	테드 오닐·제니 오닐 글, 노은정 옮김	○
	7년 동안의 잠 작가정신	박완서	○

	수박씨 창비	최명란	◯
	참 좋은 짝 푸른책들	손동연	◯
	나무는즐거워 비룡소	이기철	◯
	훨훨 간다 국민서관	권정생	◯
	김용택 선생님이 챙겨주신 1학년 책가방·동화 파랑새	선안나	◯
	신발 속에 사는 악어 사계절출판사	위기철	◯
2학년 2학기 국어 가	아홉 살 마음 사전 창비	박성우	◯
	신발 신은 강아지 스콜라	고상미	◯
	크록텔레 가족 교학사	파트리시아 베르비 글, 양진희 옮김	◯
	산새알 물새알 푸른 책들	박목월	◯
	저 풀도 춥겠다 부산알로이시오초등학교 3학년 학급문집	한영우 (학생)	◯
	유치원 인기 동요 BEST 50 웅진 주니어	웅진주니어 편집부	◯
	호주머니 속 알사탕 문학과지성사	이송현 글, 전미화 그림	◯
2학년 2학기 국어 활동 가	교과서 전래 동화 거인	조동호	◯
	원숭이 오누이 한림출판사	채인선	◯
	개구리와 두꺼비는 친구 비룡소	아널드 로벨 글, 엄혜숙 옮김	◯
2학년 2학기 국어 나	콩이네 옆집이 수상하다! 문학동네	천효정	◯
	불가사리를 기억해 사계절출판사	유영소	◯

수록 학년과 교과서	책 제목 (출판사)	지은이	확인
2학년 2학기 국어 나	종이 봉지 공주 비룡소	로버트 먼치 글, 김태희 옮김	◯
	콩이네 옆집이 수상하다	천효정 글, 윤정주 그림	◯
	거인의 정원 아이위즈, 웅진씽크하우스	오스카 와일드	◯
	나무들이 재잘거리는 숲 이야기 풀과바람	김남길	◯
	언제나 칭찬 사계절 출판사	류호선	◯
	팥죽 할멈과 호랑이 시공주니어	박운규	◯
2학년 2학기 국어 활동 나	엄마를 잠깐 잃어버렸어요 보람출판사	크리스 호튼 글, 김상미 옮김	◯

초등 중학년(3~4학년) 국어 교과서 수록 도서

수록 학년과 교과서	책 제목 (출판사)	지은이	확인
3학년 1학기 국어 가	곱구나! 우리 장신구 한솔수북	박세경	◯
	소똥 밟은 호랑이 영림카디널	박민호 글, 전병준 그림	◯
	너라면 가만있겠니? 청개구리	우남희	◯
	꽃 발걸음 소리 아침마중	오순택	◯
	아! 깜짝 놀라는 소리 푸른책들	신형건	◯
	바삭바삭 갈매기 한림출판사	전민걸	◯
	책이 사라진 날 한솔수북	고정욱	◯

3학년 1학기 국어 가	바람의 보물찾기 청개구리	강현호	◯
	삐뽀삐뽀 눈물이 달려온다 문학동네	김륭	◯
	리디아의정원 시공주니어	사라 스튜어트 글, 이복희 옮김	◯
	한눈에 반한 우리 미술관 사계절출판사	장세현	◯
	플랑크톤의 비밀 예림당	김종문	◯
3학년 1학기 국어 나	꿈나무영등포 영등포구청	영등포구청	◯
	명절 속에 숨은 우리 과학 시공주니어	오주영	◯
	아씨방 일곱 동무 비룡소	이영경	◯
	개구쟁이 수달은 무얼 하며 놀까요? 재능아카데미	왕입분	◯
	프린들 주세요 사계절출판사	앤드루 클레먼츠 글, 햇살과 나무꾼 옮김	◯
	알고 보면 더 재미있는 곤충이야기 뜨인돌어린이	김태우, 함윤미	◯
	짝 바꾸는 날 도토리숲	이일숙	◯
	축구부에 들고 싶다 창비	성명진	◯
	쥐눈이콩은 기죽지 않아 문학동네	이준관	◯
	만복이네 떡집 비룡소	김리리	◯
3학년 1학기 국어 활동	감자꽃 보물창고	권태응	◯
	귀신보다 더 무서워 도서출판 보리	허은순	◯
	아드님, 진지 드세요 좋은책어린이	강민경	◯

	다달이 나오는 어린이 잡지 개똥이네 놀이터 도서출판 보리	허정숙 ◯
	종이접기 백선 5 종이나라	종이나라편집부 ◯
	도토리 신랑 도서출판 보리	서정오 ◯
3학년 1학기 국어 활동	씨앗부터 나무까지 식물이 좋아지는 식물책 다른세상	김진옥 ◯
	하루와 미요 문학동네	임정자 ◯
	타임캡슐 속의 필통 창비	남호섭 ◯
	바위나리와 아기별 길벗어린이	마해송 ◯
	거인 부벨라와 지렁이 친구 주니어RHK	조 프리드먼 글, 지혜연 옮김 ◯
	어쩌면 저기 저 나무에만 둥지를 틀었을까 만인사	이정환 ◯
	까불고 싶은날 창비	정유경 ◯
3학년 2학기 국어 가	눈 코 귀 입 손! 위즈덤북	박행신 ◯
	진짜 투명 인간 씨드북	레미 쿠르종 글, 이정주 옮김 ◯
	지렁이 일기 예보 비룡소	유강희 ◯
	내 입은 불량 입 크레용하우스	경화봉화분교 어린이들 ◯
	꼴찌라도 괜찮아! 휴이넘	유계영 ◯
3학년 2학기 국어 나	온 세상 국기가 펄럭펄럭 웅진주니어	서정훈 ◯
	이야기 할아버지의 이상한 밤 한림출판사	임혜령 ◯
	무툴라는 못 말려! 국민서관	베벌리 나이두 글, 강미라 옮김 ◯

3학년 2학기 국어 활동	귀신 선생님과 진짜 아이들 사계절출판사	남동윤 글	◯
	가자, 달팽이 과학관 도서출판 보리	보리 편집부 글, 권혁도 그림	◯
	꽃과 새, 선비의 마음 보림출판사	고연희	◯
	별난 양반 이 선달 표류기 1 웅진주니어	김기정	◯
	알리키 인성 교육 1: 감정 미래아이	알리키 브란덴 베르크 글, 정선심 옮김	◯
	아인슈타인 아저씨네 탐정 사무소 주니어김영사	김대조	◯
	숨 쉬는 도시 꾸리찌바 파란자전거	안순혜	◯
	눈 베틀북	박웅현	◯
4학년 1학기 국어 가	멋져 부러, 세발자전거 낮은산	김남중	◯
	산 웅진닷컴	전영우	◯
	동시마중 제31호	김자연	◯
	100살 동시 내 친구 청개구리	한국동시문학회	◯
	사과의 길 문학동네	김철순	◯
	경주 최씨 부자 이야기 여원미디어	조은정	◯
	나비를 잡는 아버지 효리원	현덕	◯
	가끔씩 비 오는 날 창비	이가을	◯
	우산 속 둘이서 21문학과문화	장승련	◯
	맛있는 과학 — 6. 소리와 파동 주니어김영사	문희숙	◯

4학년 1학기 국어 가	나무 그늘을 산 총각 춤추는 꼬리연	권규헌	○
	경제의 핏줄, 화폐 미래아이	김성호	○
	무지개 도시를 만드는 초록 슈퍼맨 스콜라	김영숙	○
	조선 사람들의 소망이 담겨 있는 신사임당 갤러리 도서출판 그린북	이광표	○
	지붕이 들려주는 건축 이야기 현암주니어	남궁담	○
	쩌우 까우 이야기 창작과비평사	김기태 엮음	○
	아름다운 꼴찌 알에이치코리아	이철환	○
	초록 고양이 사계절출판사	위기철	○
4학년 1학기 국어 나	알고 보니 내 생활이 다 과학! 예림당	김해보, 정원선	○
	콩 한 쪽도 나누어요 열다출판사	고수산나	○
	생명, 알면 사랑하게 되지요 더큰아이	최재천	○
	세종대왕, 세계 최고의 문자를 발명하다 보물창고	이은서	○
	세계 속의 한글 박이정출판사	홍종선	○
	주시경 비룡소	이은정	○
	나 좀 내버려 둬 길벗어린이	박현진	○
	두근두근 탐험대 (1부 모험의 시작) 도서출판보리	김홍모	○
	비빔툰 9 (끝은 또 다른 시작) 문학과지성사	홍승우	○

4학년 1학기 국어 활동	내 맘처럼 열린어린이	최종득	○
	고래를 그리는 아이 시공주니어	윤수천	○
	이솝 이야기 아이즐	이솝 원작, 차보금 엮음	○
	꽃신 사파리	윤아해	○
	아는 길도 물어 가는 안전 백과 풀과바람	이성률	○
	신기한 그림 족자 비룡소	이영경	○
	놀면서 배우는 세계 축제1 도서출판 꿈꾸는 꼬리연	유경숙	○
	가을이네 장 담그기 책읽는곰	이규희	○
4학년 2학기 국어 가	오세암 창비	정채봉	○
	매일매일 힘을 주는 말 도서출판 개암나무(주)	박은정	○
	세상에서 가장 유명한 위인들의 편지 채우리	오주영 엮음	○
	사라, 버스를 타다 사계절출판사	윌리엄 밀러 글, 박찬석 옮김	○
	콩닥콩닥 짝 바꾸는 날 시공주니어	강정연	○
	젓가락 달인 바람의 아이들	유타루	○
4학년 2학기 국어 나	5000년 한국 여성 위인전 1 혼진피앤엠	신현배	○
	정약용 비룡소	김은미	○
	사흘만 볼 수 있다면 그리고 헬렌 켈러 이야기 두레아이들	헬렌 켈러 글, 신여명 옮김	○
	어머니의 이슬 털이 북극곰	이순원	○

4학년 2학기 국어 나	투발루에게 수영을 가르칠 걸 그랬어! 미래아이	유다정	◯
	우리 속에 울이 있다 푸른책들	박방희	◯
	쉬는 시간에 똥 싸기 싫어 토토북	김개미	◯
	지각 중계석 문학동네	김현욱	◯
	멸치 대왕의 꿈 키즈엠	천미진	◯
4학년 2학기 국어 활동	아들아, 너는 미래를 이렇게 준비하렴 도서출판 글고은	필립 체스터필드 글, 박은호 엮음	◯
	100년후에도읽고싶은한국명작동화 II 예림당	한국명작동화선정위원회	
	두고두고 읽고 싶은 한국 대표 창작 동화 3 계림북스	이원수	◯
	함께 사는 다문화 왜 중요할까요? 나무생각	홍명진	◯
	우리 조상들은 얼마나 책을 좋아했을까? 보물창고	마술연필	◯
	초희의 글방 동무 도서출판 개암나무	장성자	◯
	멋진 사냥꾼 잠자리 길벗어린이	안은영	◯
	자유가 뭐예요? 상수리	오스카 브르니피에 글, 양진희 옮김	◯
	고학년을 위한 동요 동시집 상서각	김형경	◯
	기찬 딸 시공주니어	김진완	◯

초등 고학년(5~6학년) 국어 교과서 수록 도서

수록 학년과 교과서	책 제목 (출판사)	지은이	확인
5학년 1학기 국어	참 좋은 풍경 청개구리	박방희	◯
	어린이를 위한 시크릿: 꿈을 이루는 일곱 가지 비밀 살림어린이	김현태 ·윤태익	◯
	별을 사랑하는 아이들아 도서출판 푸른책들	윤동주	◯
	난 빨강 (주)창비	박성우	◯
	가랑비 가랑가랑 가랑파 가랑가랑 (주)사계절출판사	정완영	◯
	수일이와 수일이 (주)우리교육	김우경	◯
	마음의 온도는 몇 도일까요? 주니어김영사	정여민	◯
	색깔 속에 숨은 세상 이야기 아이세움	박영란· 최유성	◯
	브리태니커 만화 백과: 여러 가지 식물 아이세움	봄봄 스토리	◯
	공룡 대백과 웅진주니어	한상호· 이용규· 박지은	◯
	생각이 꽃피는 토론2 이비락 2018	황연성	◯
	여행자를 위한 나의 문화유산 답사기2 (주)창비	유홍준	◯
	바람 소리 물소리 자연을 닮은 우리 악기 (주)문학동네	청동말굽	◯
	지켜라! 멸종 위기의 동식물 도서출판 뭉치	백은영	◯
	청자의 이해 지도에 관한 연구(2003) 미술 교육 농촌 17	류재만	◯
	잘못 뽑은 반장 주니어김영사	이은재	◯

	바다가 튕겨 낸 해님 청개구리	박희순
	니 꿈은 뭐이가? 웅진주니어	박은정
	어린이 문화재 박물관 2 (주)사계절출판사	문화재청 엮음
	전통 속에 살아 숨 쉬는 첨단 과학 이야기 (주)교학사	윤용현
5학년 2학기 국어	악플전쟁 별숲	이규희
	뻥튀기는 속상해 (주)푸른책들	한상순
	고맙습니다, 선생님 아이세움	패트리샤 폴라코 글, 유수아 옮김
	파브르 식물 이야기 (주)사계절출판사	장 앙리 파브르 글, 추둘란 옮김
	한지돌이 (주)보림출판사	이종철
	꿈을 찾아 떠나는 여행 (주)미래엔	기은서(학생 작품)
	뻥튀기 (주)주니어이서원	고일
	내 마음의 동시 6학년 계림북스	심후섭
	가랑비 가랑가랑 가랑파 가랑가랑 (주)사계절출판사	정완영
	황금 사과 뜨인돌어린이	송희진 글, 이경혜 옮김
6학년 1학기 국어	우주 호텔 해와나무	유순희
	속담 하나 이야기 하나 산하	임덕연
	등대섬 아이들 신아출판사	주평
	말대꾸하면 안 돼요? (주)창비	배봉기
	조선 왕실의 보물 의궤 토토북	유지현

6학년 1학기 국어	얘, 내 옆에 앉아! (주)푸른책들	노원호	◯
	불패의 신화가 된 명장 이순신 웅진씽크빅	이강엽	◯
	샘마을 몽당깨비 (주)창비	황선미	◯
	아버지의 편지 함께읽는책	정약용 글, 한문희 엮음	◯
6학년 2학기 국어	의병장 윤희순 (주)한솔수북	정종숙	◯
	구멍 난 벼루 토토북	배유안	◯
	열두 사람의 아주 특별한 동화 파랑새	송재찬	◯
	이모의 꿈꾸는 집 문학과지성사	정옥	◯
	노래의 자연 시인생각	정현종	◯
	생각 깨우기 푸른숲주니어	이어령	◯
	지구촌 아름다운 거래 탐구 생활 파란자전거	한수정	◯
	사회 선생님이 들려주는 공정 무역 이야기 (주)살림출판사	전국사회교사모임	◯
	배낭을 멘 노인 문공사	박현경·김운기 원작, 김주연 각색	◯
	완희와 털복숭이 괴물(샬럿의 거미줄) 도서출판 연극, 놀이 그리고 교육	조셉 로비넷 글, 김정호 옮김	◯
	쉽게 읽는 백범 일지 돌베개	김구	◯
	장복이, 창대와 함께하는 열하일기 한국고전번역원	박지원 원작, 강민경 글	◯
	아트와 맥스 시공주니어	데이비드 위즈너	◯
	나는 비단길로 간다(대상주 홍라) (주)도서출판 푸른숲	이현	◯
	식구가 늘었어요 청개구리	조영미	◯

진로 탐색 가이드

커리어넷(https://www.career.go.kr) 회원가입을 할 경우 검사 결과를 누적해서 살필 수 있으므로 회원가입을 한 뒤, 검사하는 것을 추천해요.

① **저학년 진로 탐색** '나를 알아보아요' 코너로 들어가, 내가 어떤 것을 좋아하고 잘하는지 살펴보고 나와 어울리는 직업에는 무엇이 있는지 알아볼 수 있어요.

② **직업의 중요성 세 가지 찾기** 자기 이해의 질문에 답하면 뚝딱이, 탐험이, 멋쟁이, 친절이, 씩씩이, 성실이 중 자신에게 가장 적합한 유형이 나오고, 그 성격에 가장 잘 맞는 대표 직업이 나와요. 직업을 누르면 상세한 정보가 나오고요. 아이와 함께 직업을 찾아보고, 그것과 관련해서 나의 다짐을 쓰고 출력합니다.

③ **고학년 진로흥미탐색** 진로흥미탐색이란 미국의 저명한 심리학자인 John L. Holland(홀랜드)의 직업성격 유형 이론에 근거하여 개인의 흥미를 6가지 유형으로 측정한 것입니다. 흥미란 특정 활동이나 대상에 대해 지속적인 관심을 두고 좋아하는 것으로, 어떤 일을 할 때 사람들이 자신이 좋아하는 일에 더 만족하고 오랫동안 활동을 지속할 수 있어요. 커리어넷에서는 고학년 진로흥미탐색을 운영하는데 이 검사를 통해 어떤 분야에 흥미가 있는지 알 수 있어요.

48문항으로 이루어진 진로흥미탐색 검사를 실시해 봐요.

나의 흥미 유형 탐색 결과(T점수)를 통해 자신의 대표적인 유형을 살펴보고, 여섯 가지 흥미 유형 가운데 어떤 유형이 높은지 살펴볼 수 있어요.

T 점수는 각 흥미 유형에 대한 자신의 흥미도가 다른 친구들과 비교해서 상대적으로 어느 수준인지 확인시켜 주는 수치예요. T점수의 평균은 50점이고, 64점 이상 매우 높은 흥미, 57~62점 높은 흥미, 43~56 보통 흥미, 36~42점 낮은 흥미, 35점 이하 매우 낮은 흥미를 의미해요.

자신에게 가장 두드러지게 나타나는 흥미 유형의 특징을 살펴보고 하단의 추천 직업을 클릭하면, 그 직업이 하는 일, 되는 방법, 필요한 적성과 흥미, 예상 연봉, 소개 영상 등을 살펴볼 수 있어요.

※주니어 커리어넷에서 그 외 주니어 진로 카드, 주니어 진로 동영상, 주니어 직업 정보, 미래 직업 정보, 미래 사회의 직업 등을 찾아볼 수 있어 적극적으로 활용하면 진로, 진학 준비에 도움이 돼요.

한국표준직업분류
(통계청)

수입(경제활동)을 위해 개인이 하고 있는 일을 형태에 따라 체계적으로 유형화한 것이 직업분류이고, 우리나라 직업구조 및 실태에 맞도록 표준화한 것이 한국표준직업분류(KSCO, Korean Standard Classification of Occupations)입니다.

국제표준직업분류에서 직무는 '자영업을 포함하여 특정한 고용주를 위하여 개별 종사자들이 수행하거나 수행해야 할 일련의 업무와 과업'으로, 직업은 '유사한 직무의 집합'으로 정했어요. 즉, 직업은 유사성을 갖는 직무를 꾸준히 하는 것이랍니다. 직업은 경제성도 필요해서 무급 자원봉사, 학생의 학습은 직업으로 보지 않아요.

한국표준직업분류는 경제활동인구조사, 인구주택총조사, 지역별 고용조사 등 고용 관련 통계조사나 각종 행정자료를 통해 얻어진 직업 정보를 분류하고 집계하기 위해 만들어진 거예요. 직업 관련 통계를 작성하는 모든 기관이 통일적으로 사용함으로써 통계자료의 일관성과 비교성을 확보하기 위한 거죠.

한국표준직업분류를 보면 우리나라에 어떤 직업들이 있으며, 관련된 직업은 어떤 것이 있는지 알 수 있어요.

세분류를 보고 어떤 직업들이 있는지 살펴보고, 비슷한 부류로 묶인 소분류-중분류-대분류의 순으로 살펴보세요. 진로를 찾는 과정에서 꿈이 조금 달라진다 해도 중분류 정도까지 넉넉하게 진로를 살펴보면 아이의 진로가 덜 흔들릴 거예요.

대분류	중분류	소분류	세분류
1 관리자	공공 및 기업 고위직	의회 의원, 고위 공무원 및 공공 단체 임원	의회 의원·고위 공무원 및 공공 단체 임원
		기업 고위 임원	기업 고위 임원
	행정 및 경영지원 관리직	행정 및 경영 지원 관리자	정부 행정 관리자, 경영지원 관리자, 마케팅 및 광고, 홍보 관리자
	전문 서비스 관리직	연구, 교육 및 법률 관련 관리자	연구 관리자, 교육 관리자, 법률·경찰·소방 및 교도 관리자
		보험 및 금융 관리자	보험 및 금융 관리자
		보건 및 사회 복지 관련 관리자	보건 의료 관련 관리자, 사회 복지 관련 관리자
		문화, 예술 관련 관리자	문화, 예술 관련 관리자
		정보 통신 관련 관리자	정보 통신 관련 관리자
		기타 전문 서비스 관리자	기타 전문 서비스 관리자
	건설, 전기 및 생산 관련 관리직	건설, 전기 및 생산 관련 관리자	건설 및 광업 관련 관리자, 전기·가스 및 수도 관련 관리자, 제품 생산 관련 관리자, 기타 건설·전기 및 생산 관련 관리자
	판매직 및 고객 서비스 관리직	판매 및 운송 관리자	판매 및 운송 관리자, 운송 관련 관리자
		고객 서비스 관리자	숙박·여행·오락 및 스포츠 관련 관리자
		환경, 청소 및 경비 관련 관리자	환경, 청소 및 경비 관련 관리자
		기타 판매 및 고객 서비스 관리자	기타 판매 및 고객 서비스 관리자

2 전문가 및 관련 종사자	과학 전문가 및 관련직	생명 및 자연과학 관련 전문가	생명과학 연구원, 자연과학 연구원
		인문 및 사회과학 전문가	인문과학 연구원, 사회과학 연구원
		생명 및 자연과학 관련 시험원	생명과학 시험원, 농림·어업 관련 시험원, 자연 과학 시험원
	정보통신 전문가 및 기술직	컴퓨터 하드웨어 및 통신공학 전문가	컴퓨터 하드웨어 기술자 및 연구원, 통신공학 기술자 및 연구원
		컴퓨터 시스템 및 소프트웨어 전문가	컴퓨터 시스템 전문가, 시스템 소프트웨어 개발 자, 응용 소프트웨어 개발자, 웹 개발자, 기타 컴퓨터 시스템 및 소프트웨어 전문가
		데이터 및 네트워크 관련 전문가	데이터 전문가, 네트워크 시스템 개발자, 정보 보 안 전문가, 기타 데이터 및 네트워크 관련 전문가
		정보 시스템 및 웹 운영자	정보 시스템 운영자, 웹 운영자
		통신 및 방송 송출 장비 기사	통신 및 방송 송출 장비 기사
	공학 전문가 및 기술직	건축, 토목 공학 기술자 및 시험원	건축가, 건축공학 기술자, 토목공학 기술자, 조경 기술자, 도시 및 교통 관련 전문가, 측량 및 지리 정보 전문가, 건설자재 시험원
		화학공학 기술자 및 시험원	화학공학 기술자 및 연구원, 화학공학 시험원
		금속·재료 공학 기술자 및 시험원	금속·재료 공학 연구원 및 기술자, 금속 및 재료 공학 시험원
		전기·전자공학 기술자 및 시험원	전기공학 기술자 및 연구원, 전자공학 기술자 및 연구원, 전기 및 전자공학 시험원
		기계·로봇공학 기술자 및 시험원	기계공학 기술자 및 연구원, 로봇공학 기술자 및 연구원, 기계 및 로봇공학 시험원
		소방·방재 기술자 및 안전 관리원	방재 기술자 및 연구원, 소방공학 기술자 및 연 구원, 소방공학 시험원, 산업 안전 및 위험 관리 원, 보건 위생 및 환경 검사원, 비파괴 검사원
		환경공학·가스·에너지 기술사 및 시험원	환경공학 기술자 및 연구원, 가스·에너지 기술자 및 연구원, 환경공학 시험원, 가스 및 에너지 시험원

2 전문가 및 관련 종사자	공학 전문가 및 기술직	항공기·선박 기관사 및 관제사	항공기 조종사, 선장·항해사 및 도선사, 관제사
		기타 공학 전문가 및 관련 종사자	식품공학 기술자 및 연구원, 섬유공학 기술자 및 연구원, 식품공학 시험원, 섬유공학 시험원, 제도사, 기타 공학 관련 기술자 및 시험원
	보건, 사회복지 및 종교 관련직	의료 진료 전문가	전문 의사, 일반 의사, 한의사, 치과 의사, 수의사
		약사 및 한약사	약사 및 한약사
		간호사	간호사
		영양사	영양사
		치료·재활사 및 의료기사	임상병리사, 방사선과, 치과기공사, 치과위생사, 재활 공학 기사, 물리 및 작업치료사, 임상심리 사, 기타 치료·재활사 및 의료기사
		보건 의료 관련 종사자	응급구조사, 위생사, 안경사, 의무 기록사, 간호조무사, 안마사
		사회 복지 관련 종사자	사회복지사, 보육교사, 직업상담사, 상담전문가, 청소년 지도사, 시민 단체 활동가, 기타 사회 복지 관련 종사원
		종교 관련 종사자	성직자, 기타 종교 관련 종사원
	교육 전문가 및 관련직	대학 교수 및 강사	대학교수, 대학 시간 강사
		학교 교사	중·고등학교 교사, 초등학교 교사, 특수교육 교사
		유치원 교사	유치원 교사
		문리·기술 및 예능 강사	문리 및 어학 강사, 컴퓨터 강사, 기술 및 기능계 강사, 예능 강사, 학습지 및 교육 교구 방문 강사, 기타 문리·기술 및 예능 강사
		기타 교육 전문가	장학관·연구관 및 교육 관련 전문가, 대학 교육 조교, 기타 교사
	법률 및 행정 전문직	법률 전문가	판사 및 검사, 변호사, 법무사 및 집행관, 변리사, 기타 법률 전문가
		행정 전문가	정부 및 공공 행정 전문가

2 전문가 및 관련 종사자	경영, 금융 전문가 및 관련직	인사 및 경영 전문가	인사 및 노사 관련 전문가, 회계사, 세무사, 관세사, 경영 및 진단 전문가
		금융 및 보험 전문가	투자 및 신용 분석가, 자산 운용가, 보험 및 금융 상품 개발자, 증권 및 외환 딜러, 손해 사정사, 기타 금융 및 보험 관련 전문가
		상품 기획,홍보 및 조사 전문가	상품 기획 전문가, 여행 상품 개발자, 광고 및 홍보 전문가, 조사 전문가, 생사 기획자
		감정,기술 영업 및 중개 관련 종사자	감정 관련 전문가, 해외 영업원, 기술 영업원, 상품 중개인 및 경매사, 부동산 컨설턴트 및 중개사, 기타 기술 영업 및 중개 관련 종사원
	문화, 예술, 스포츠 전문가 및 관련직	작가 및 언론 관련 전문가	작가, 출판물 전문가, 기자 및 언론 관련 전문가, 번역가 및 통역가,
		학예사·사서 및 기록물 관리사	학예사 및 문화재 보존원, 사서 및 기록물 관리사
		연극·영화 및 영상 전문가	감독 및 기술 감독, 배우 및 모델, 아나운서 및 리포터, 촬영기사, 음향 및 녹음 기사, 영상·녹화 및 편집 기사, 조명기사 및 영사기사, 기타 연극·영화 및 영상 관련 종사원
		시각 및 공연 예술가	화가 및 조각가, 사진 기자 및 사진가, 만화가 및 만화영화 작가, 국악 및 전통 예능인, 지휘자·작곡가 및 연주가, 가수 및 성악가, 무용가 및 안무가, 기타 시각 및 공연 예술가
		디자이너	제품 디자이너, 패션 디자이너, 실내장식 디자이너, 시각 디자이너, 미디어 콘텐츠 디자이너
		스포츠 및 레크리에이션 관련 전문가	스포츠 감독 및 코치, 직업 운동선수, 경기 심판 및 경기 기록원, 기타 스포츠 및 레크리에이션 관련 전문가
		식문화 관련 전문가	주방장 및 요리 연구가
		문화·예술 관련 기획자 및 매니저	공연·영화 및 음반 기획자, 연예인 및 스포츠 매니저

3 **사무 종사자** **·**	경영 및 회계관련 사무직	행정 사무원	조세행정 사무원, 관세행정 사무원, 병무행정 사무원, 국가 및 지방 행정 사무원, 공공행정 사무원
		경영 관련 사무원	기획 및 마케팅 사무원, 인사 및 교육·훈련 사무원, 자재 관리 사무원, 생산 및 품질 관리 사무원, 무역 사무원, 운송 사무원, 총무 사무원 및 대학 행정 조교
		회계 및 경리 사무원	회계 사무원, 경리 사무원
		비서 및 사무 보조원	비서, 전산 자료 입력원 및 사무 보조원
	금융 및 보험 사무직	금융 사무 종사자	출납 창구 사무원, 보험 심사원 및 사무원, 은행 사무원, 증권 사무원, 수금원 및 신용 추심원, 기타 금융 사무원
	법률 및 감사 사무직	법률 및 감사 사무 종사자	법률 관련 사무원, 감사 사무원
	상담, 안내, 통계 및 기타 사무직	통계 관련 사무원	통계 관련 사무원
		여행·안내 및 접수 사무원	여행 사무원, 안내·접수원 및 전화 교환원
		고객 상담 및 기타 사무원	고객 상담 및 모니터 요원, 기타 사무원
4 **서비스** **종사자**	경찰, 소방 및 보안 관련 서비스직	경찰·소방 및 교도 관련 종사자	경찰관 및 수사관, 소방관, 소년원 학교 교사 및 교도관
		경호 및 보안 관련 종사자	경호원, 청원경찰, 시설 및 특수 경비원, 기타 경호 및 보안 관련 종사원
	돌봄·보건 및 개인 생활 서비스직	돌봄 및 보건 서비스 종사자	돌봄 서비스 종사원, 보육 및 교사 보조 서비스 종사원, 기타 돌봄 및 보건 서비스 종사원
		미용 관련 서비스 종사자	이용사, 미용사. 피부 및 체형 관리사, 메이크업 아티스트 및 분장사, 기타 미용 관련 서비스 종사원
		혼례 및 장례 종사자	결혼상담원 및 웨딩 플래너, 혼례종사원, 장례 상담원 및 장례 지도사
		기타 돌봄·보건 및 개인 생활 서비스 종사자	반려동물 미용 및 관리 종사원, 점술가 및 민속신앙 종사원, 개인 생활 서비스 종사원

4 서비스 종사자	운송 및 여가 서비스직	운송 서비스 종사자	항공기 객실 승무원, 선박 및 열차 객실 승무원
		여가 서비스 종사자	여가 및 관광 서비스 종사원, 숙박시설 서비스 종사원, 오락시설 서비스 종사원, 기타 여가 서비스 종사원
	조리 및 음식 서비스직	조리사	한식 조리사, 중식 조리사, 양식 조리사, 일식 조리사, 음료 조리사, 기타 조리사
		식음료 서비스 종사자	바텐더, 웨이터, 기타 음식 서비스 종사원
5 판매 종사자	영업직	영업 종사자	자동차 영업원, 제품 및 광고 영업원, 보험 모집인 및 투자 권유 대행인, 대출 및 신용카드 모집인
	매장 판매 및 상품 대여직	매장 판매 종사자	소규모 상점 경영 및 일선 관리 종사원, 상점 판매원, 매표원 및 복권 판매원, 매장 계산원 및 요금 정산원
		상품 대여 종사자	상품 대여원
	방문, 노점 및 통신 판매 관련직	통신 관련 판매직	단말기 및 통신 서비스 판매원, 온라인 쇼핑 판매원, 텔레마케터
		방문 및 노점 판매 관련직	방문 판매원, 노점 및 이동 판매원, 홍보 도우미 및 판촉원
6 농림 어업 숙련 종사자	농,축산 숙련직	작물 재배 종사자	곡식 작물 재배원, 채소 및 특용작물 재배원, 과수 작물 재배원
		원예 및 조경 종사자	원예작물 재배원, 조경원
		축산 및 사육 관련 종사자	낙농업 관련 종사원, 가축 사육 종사원, 기타 사육 관련 종사원
	임업 숙련직	임업 관련 종사자	조림·산림 경영인 및 벌목원, 임산물 채취 및 기타 임업 관련 종사원
	어업 숙련직	어업 관련 종사자	양식원, 어부 및 해녀

7 기능원 및 관련 기능 종사자	식품기공관련 기능직	식품가공 관련 기능 종사자	제빵사 및 제가원, 떡 제조원, 정육 가공원 및 도 축원, 식품 및 담배 등급원, 김치 및 밑반찬 제조 종사원, 기타 식품 가공 관련 종사원
	섬유, 의복 및 가죽 관련 기능직	섬유 및 가죽 관련 기능 종사자	패턴사, 재단사, 재봉사, 제화원, 기타 섬유 및 가죽 관련 기능 종사원
		의목 제조 관련 기능 종사자	한복 제조원, 양장 및 양복 제조원, 모피 및 가죽 의복 제조원, 의복·가죽 및 모피 수선원, 기타 의복 제조 관련 기능 종사원
	목재, 가구, 악기 및 간판 관련 기능직	목재·가구·악기 및 간판 관련 기능 종사자	목제품 제조 관련 종사원, 가구 제조 및 수리원, 악기 제조 및 조율사, 간판 제작 및 설치원
	금속 성형 관련 기능직	금형·주조 및 단조원	금형원, 주조원, 목형원, 단조원
		제관원 및 판금원	제관원, 판금원, 용접원
	운송 및 기계 관련 기능직	자동차 정비원	자동차 정비원
		운송장비 정비원	항공기 정비원, 선박 정비원, 철도 기관차 및 전동차 정비원, 기타 운송장비 정비원
		기계장비 설치 및 정비원	공업기계설치 및 정비원, 승강기 설치 및 정비원, 물품 이동 장비 설치 및 정비원, 냉동·냉장·공조 기 설치 및 정비원, 보일러 설치 및 정비원, 건설· 광업기계 설치 및 정비원, 농업용·기타 기계장비 설치 및 정비원
	전기 및 전자 관련	전기·전자 기기 설치 및 수리원	사무용 전지 기기 설치 및 수리원, 가전제품 설치 및 수리원, 기타 전기·전자기기 설치 및 수리원
		전기공	산업 전기공, 내선 정기공, 외선 전기공
	정보 통신 및 방송장비 관련 기능직	정보 통신기기 설치 및 수리원	컴퓨터 설치 및 수리원, 이동전화기 수리원, 기타 정보 통신기기 설치 및 수리원
	건설 및 채굴 관련 기능직	건설구조 관련 기능 종사자	강구조물 가공원 및 건립원, 경량 철골공
		건설 관련 기능 종사자	철근공, 콘크리트공, 건축 석공, 건축 목공, 조적 공 및 석재 부설원, 기타 건설 관련 기능 종사원
		건축 마감 관련 기능 종사자	미장공, 방수공, 단열공, 마닥재 시공원, 도배공 및 유리 부착원, 건축 도장공, 새시 조립 및 설치 원, 기타 건축 마감 관련 기능 종사원
		채굴 및 토목 관련 기능 종사자	광원·채석원 및 석재 절단원, 철로 설치 및 보수 원, 기타 채굴 및 토목 관련 종사원

7 기능원 및 관련 기능 종사자	기타 기능 관련직	공예 및 귀금속 세공원	공예원, 귀금속 및 보석 세공원
		배관공	건설 배관공, 공업 배관공, 기타 배관공
		기타 기능 관련 종사자	배관 세정원 및 방역원, 기타 기능 관련 종사원
8 장치, 기계조작 및 조립 종사자	식품가공 관련 기계 조작직	식품 가공 관련 기계조작원	제분 및 도정 관련 기계조작원, 곡물가공 제품 기계조작원, 육류·어패류 및 낙농품 가공 기계조 작원, 과실 및 채소 가공 관련 기계조작원
		음료 제조 관련 기계조작원	음료 제조 관련 기계조작원
		기타 식품가공 관련 기계조작 원	기타 식품 가공 관련 기계조작원
	섬유 및 신발 관련 기계 조작직	섬유 제조 및 가공 기계조작 원	섬유 제조 기계 조작원, 표백 및 염색 관련 기계 조작원
		직물·신발 관련 기계조작원 및 조립원	직조기 및 편직기 조작원, 신발 제조기 조작원 및 조립원, 기타 직물·신발 관련 기계 조작원 및 조립원
		세탁 관련 기계 조작원	세탁 관련 기계 조작원
	화학관련 기계 조작직	석유 및 화학물 가공 장치 조 작원	석유 및 천연가스 제조 관련 제어 장치 조작원, 화학물 가공 장치 조작원, 기타 석유 및 화학물 가공 장치 조작원
		화학·고무 및 플라스틱 제품 생산기 조작원	화학제품 생산기 조작원, 타이어 및 고무제품 생산기 조작원, 플라스틱 제품 생산기 조작원, 고무 및 플라스틱제품 조립원
	금속 및 비금속 관련 기계 조작직	주조 및 금속가공 관련 기계 조작원	주조기 조작원, 단조기 조작원, 용접기 조작원, 금속가공 관련 제어 장치 조작원, 금속가공 기계 조작원, 제관기 조작원, 판금기 조작원
		도장 및 도금기 조작원	도장기 조작원, 도금 및 금속 분무기 조작원
		비금속 생산기 조작원	유리 제조 및 가공기 조작원, 점토제품 생산기 조작원, 시멘트 및 광물제품 제조기 조작원, 광석 및 석제품 가공기 조작원, 기타 비금속제품 관련 생산기 조작원

		금속 공작 기계 조작원	금속 공작 기계 조작원
8 장치, 기계조작 및 조립 종사자	기계제조 및 관련 기계 조작직	냉난방 관련 설비 조작원	냉난방 관련 설비 조작원
		자동 조립 라인 및 산업용로봇 조작원	자동 조립라인 및 산업용로봇 조작원
		운송 차량 및 기계 관련 조립원	자동차 조립원, 자동차 부품 조립원, 운송장비 조립원, 일반기계 조립원
		금속기계 부품 조립원	금속기계 부품 조립원
	전기 및 전자 관련 기계 조작직	발전 및 배전 장치 조작원	발전 및 배전 장치 조작원
		전기 및 전자설비 조작원	전기 및 전자 설비 조작원
		전기·전자 부품 및 제품 제조 장치 조작원	전기 부품 및 제품 제조 기계조작원, 전자 부품 및 제품 제조 기계조작원
		전기·전자 부품 및 제품 조립원	전기·전자 부품 및 제품 조립원
	운전 및 운송 관련직	철도 및 전동차 기관사	철도 및 전동차 기관사
		철도운송 관련 종사원	철도운송 관련 종사원
		자동차 운전원	택시 운전원, 버스 운전원, 화물차 및 특수차 운전원, 기타 자동차 운전원
		물품 이동 장비 조작원	물품 이동 장비 조작원
		건설 및 채굴 기계 운전원	건설 및 채굴 기계 운전원
		선박 승무원 및 관련 종사자	선박 승무원 및 관련 종사원
	상하수도 및 재활용 처리 관련 기계 조작직	상하수도 처리 장치 조작원	상하수도 처리 장치 조작원
		재활용 처리 및 소각로 조작원	재활용 처리 및 소각로 조작원
	목재·인쇄 및 기타 기계 조작직	목재 및 종이 관련 기계조작원	목재가공 관련 기계조작원, 가구 조립원, 펄프 및 종이 제조 장치 조작원, 종이 제품생산기 조작원, 기타 목재 및 종이 관련 기계조작원
		인쇄 및 사진 현상 관련 기계조작원	인쇄기 조작원, 사진 인화 및 현상기 조작원
		기타 기계조작원	기타 기계조작원

	건설 및 광업 관련 단순 노무직	건설 및 광업 단순 종사자	건설 및 광업 단순 종사자
	운송 관련 단순 노무직	하역 및 적재 단순 종사자	하역 및 적재 단순 종사원
		배달원	우편 집배원, 택배원, 음식 배달원, 기타 배달원
	제조 관련 단순 노무직	제조 관련 단순 종사자	제조 관련 단순 종사원
	청소 및 경비 관련 단순 노무직	청소원 및 환경 미화원	청소원, 환경미화원 및 재활용품 수거원
9 단순노무 종사자		건물 관리원 및 검표원	건물 관리원, 검표원
	가사·음식 및 판매 관련 단순 노무직	가사 및 육아 도우미	가사 도우미, 육아 도우미
		음식 관련 단순 종사자	패스트푸드 준비원, 주방 보조원
		판매 관련 단순 종사자	주유원, 기타 판매 관련 단순 종사원
	농림·어업 및 기타 서비스 단순 노무직	농림·어업 관련 단순 종사자	농림·어업 관련 단순 종사원
		계기·자판기 및 주차 관리 종사자	계기 검침원 및 가스 점검원, 자동판매기 관리원, 주차 관리원 및 안내원
		기타 서비스 관련 단순 종사자	구두 미화원, 세탁원 및 다림질원, 기타 서비스 관련 단순 종사원
A 군인	군인	장교	영관급 이상 장교, 위관급 장교
		부사관	부사관
		기타 군인	기타 군인